ARBEITEN ZU TEXT UND SPRACHE IM ALTEN TESTAMENT

46. Band

MÜNCHENER UNIVERSITÄTSSCHRIFTEN
Philosophische Fakultät Altertumskunde und Kulturwissenschaften

herausgegeben im Auftrag der Philosophischen Fakultät
Altertumskunde und Kulturwissenschaften
von Prof. Dr. Wolfgang Richter

ARBEITEN ZU TEXT UND SPRACHE IM ALTEN TESTAMENT
46. Band

EOS VERLAG ERZABTEI ST. OTTILIEN

HANS RECHENMACHER

Der Attributsatz

Beobachtungen zu Syntax und Redetypik

1995 · EOS VERLAG ERZABTEI ST. OTTILIEN

Die Deutsche Bibliothek — CIP-Einheitsaufnahme

Rechenmacher, Hans:
Der Attributsatz: Beobachtungen zu Syntax und Redetypik / Hans Rechenmacher. — St. Ottilien: EOS-Verl., 1995

(Arbeiten zu Text und Sprache im Alten Testament; Bd. 46)
(Münchener Universitätsschriften: Philosophische Fakultät Altertumskunde und Kulturwissenschaften)

ISBN 3-88096-546-3
NE: 1. GT

Vorwort

Die hier vorgelegte Studie zum Attributsatz war ursprünglich als Exkurs im Rahmen meiner Dissertationsschrift "Jungfrau, Tochter Babel" geplant. Aus verschiedenen Gründen empfahl sich zuletzt eine gesonderte Veröffentlichung.

Die Anregung zu dieser Arbeit stammt von Herrn Prof. Dr. Wolfgang Richter. Sie basiert auf den von ihm erarbeiteten elektronischen Daten am Lehrstuhl für ugaritische und hebräische Sprach- und Literaturwissenschaft der Universität München. Er trug zu ihrem Gelingen nicht nur durch fachliche Anregungen und Hinweise, sondern auch durch sein Wohlwollen und persönliches Interesse entscheidend bei. Ich danke ihm aufrichtig.

Das Erzbistum von München und Freising gewährte einen großzügigen Druckkostenzuschuß.

Ich widme das Buch meinem Neffen und Patenkind Max in Berlin.

München, im Februar 1995 Hans Rechenmacher

INHALT

1 Problem und Methode 1

2 Darstellung der Belege 3

3 Austauschbarkeit des Partizips mit Verbaladjektiv und Adjektiv 22

4 Fragen der Determination 24

4.1 Anschluß an eine indeterminierte Nominalgruppe 24

4.2 Fügung des Partizips mit Artikel und zugleich ePP 29

5 Fernstellung 32

5.1 Vorbemerkungen 32

5.2 Fernstellung zu determinierter Bezugs-NG 36

5.3 Fernstellung zu indeterminierter Bezugs-NG 38

5.4 Kein lexematisch klarer Bezug 39

6 Satzsyntaktische Beobachtungen 42

6.1 Infinitiv-Konstruktion 42

6.2 Satzgefüge 42

6.3 Syntagmasatz 43

6.4 Erweiterter Satz 43

6.5 Satzbund 44

6.6 Kontextfunktionale Satzverknüpfung 45

7 Vergleichbare Fügungen 47

7.1 Relativsätze mit Artikel plus verbum finitum 47

7.2 Relativsätze mit *'ăšr/ša=* plus Partizip 52

7.3 Sätze mit Partizip in Erstposition 56

7.3.1 Identität von Subjekt des Vorsatzes und zu ergänzendem Subjekt der Ptz-Fügung 58

7.3.2 Nichtidentität von Subjekt des Vorsatzes und zu ergänzendem Subjekt der Ptz-Fügung 67

7.3.3 Tilgung des 1. Sy als semantische Nullstelle 71

7.3.4 Anderweitige Tilgungsphänomene 72

7.3.5 Asyndetische Relativsätze mit Partizip am Satzanfang 75

7.4 Partizipiale Attribute 76

8 Beobachtungen zu Stil und Redetypik 82
8.1 Literarische Distribution 82
8.2 Vokativ 83
8.3 Makarismus und Wehruf 86
8.4 Identifizierender und klassifizierender Nominalsatz 88
8.5 Imperativsatz 89
8.6 Zum Wechsel von AttS und artikellosen partizipialen Fügungen 92
9 Zusammenfassung 104

Verzeichnisse
1 Abkürzungen und Siglen für Texte, Grammatiken und Lexika 106
2 Allgemeine Literatur 107
3 Abkürzungen 109
Register
1 Autoren 110
2 Sachen 110
3 Stellen 111

1 Problem und Methode

Fügungen des Typs Artikel plus Partizip plus Syntagmen (entsprechend der Valenz des zugrunde liegenden Verbums) scheinen v.a. in Kontexten des sogenannten hymnischen Partizipialstils satzhaften Charakter aufzuweisen. Tatsächlich enthält BH^t eine Fülle von abgegrenzten Sätzen dieser Struktur.

Die Wertung solcher Sätze als Elemente einer Attributsverbindung liegt nahe, wird aber dem syntaktischen Eigengewicht der Fügungen, die oft in Reihen und im Wechsel mit Verbalsätzen auftreten, nicht gerecht. Fügungen, die offenbar auf ein indeterminiertes und/oder fernstehendes Nomen bezogen sind, entsprechen ohnehin nicht den Regeln der AttV. Ferner fallen im Biblischen Hebräisch einige Belege, die *ha=* mit finitem Verbum in der Funktion eines Relativpronomens zeigen, auf.

Satzhafte, partizipiale Fügungen mit Artikel (der in Reihe erspart sein kann!), die sich durch bestimmte, oben angedeutete Kriterien von einem Attribut mit rein morphosyntaktischem Charakter abgrenzen lassen, werden als Attributsätze (in Analogie zur Attributsverbindung) bezeichnet. Der Terminus ist insofern problematisch, als er normalerweise weiter gefaßt verstanden wird: "Nebensatz in der syntaktischen Funktion eines Attributs"[1]. Als Attribut gilt dabei neben adjektivischer und partizipialer Näherbestimmung auch die Apposition. Nach einer solchen Definition sind Relativsätze mit inbegriffen. Tatsächlich wird in der Hebraistik teilweise von Attributsätzen in diesem Sinn gesprochen[2]. Zumindest für die Grammatik des Hebräischen sind aber AttV und AppV streng zu scheiden, weil sie unterschiedliche Strukturen und Funktionen aufweisen[3]. Wird Attribut auf die Wortarten Adj, VAdj, Ptz (und DPron)

---

[1] So BUSSM, 109.

[2] KÖ III, §385a (dort: Attribut*iv*satz), und MEYER III, §115, handeln unter diesem Terminus den Relativsatz ab.

[3] Vgl. RICHTER, (1979) 12 und 21, zu den syntaktischen Schemata. Zu den unterschiedlichen Ausdrucksfunktionen von AttV und AppV vgl. RECHENMACHER, (1994) 303ff, 326ff; zum form-function-missmatch im Bereich dieser Verbindungen ebd. 338ff.

beschränkt, kann der Terminus "Attributsatz" sinnvollerweise nur für die hier zu behandelnden Strukturen nicht aber für den Relativsatz Verwendung finden[4].

Die Untersuchung nimmt folgenden Weg: Mithilfe des Rechners werden aus BH^t alle Sätze mit der Formation *ha=* plus Partizip am Satzanfang ermittelt. Ausgeschieden werden Belege, in denen das (substantivierte) Partizip 1. Sy ist. Wichtige Gesichtspunkte bei der Analyse der verbleibenden Fügungen bilden Determinationsverhältnisse, Stellung zum Bezugswort und Einbettung in Satzformen.

Vergleiche mit "verwandten Fügungen" zeichnen ein deutlicheres Bild der strukturalen Eigenart des zur Diskussion stehenden Satztypus: Relativsätze mit *ha=* plus finitem Verbum, Sätze mit Partizip am Satzanfang ohne *ha=*, Sätze mit *'ăšr* bzw. *ša=* plus Partizip, schließlich partizipiale Fügungen des Typs Artikel plus Partizip plus Syntagmen, die nicht als eigene Sätze, sondern als Teil einer AttV gelten.

Dazu kommen Beobachtungen zu Stil und Redetypik: Beobachtet werden den Kontext prägende Lexeme wie *'ašrē* und *hōy*, Vokativ im prophetischen Aufmerkruf, Imperative von Verben des Lobens u. dgl. Anhand von zwei Beispieltexten aus Jes 44 und Ps 104 soll der Wechsel zwischen AttS und artikellosen partizipialen Fügungen unter stilistischem Aspekt nochmals beobachtet werden.

---

[4] Der Relativsatz wird als Substitution der Apposition oder des nomen rectum der CsV beschrieben. Vgl. RICHTER, (1979) 15.20.52.

2 Darstellung der Belege

Alle Belege, die als AttS erkannt werden[5], sollen in der folgenden Übersicht in einem kontextuellen Rahmen vorgestellt werden, der die Beurteilung der syntaktischen Verhältnisse auf Satz- und Satzfügungsebene im Allgemeinen ermöglicht. Nur gelegentlich muß zusätzlich der biblische Text in seinem weiteren Umfeld eingesehen werden.

Vor der Stellenangabe findet sich bei den AttS selbst eine arabische Zahl, die Auskunft gibt über das Bezugswort (Determination, Entfernung zum AttS etc.), sowie zwei Großbuchstaben zur Bezeichnung der weiteren Relationen auf Satzfügungsebene[6]. Ein nachgesetztes Ausrufezeichen markiert den satzsyntaktischen bzw. kontextfunktionalen Zusammenhang mit einem Verbalsatz im engeren Sinn (finites Verbum!)[7]. Im einzelnen

---

[5] Folgende Belege weichen bezüglich der Satzgrenzen von BH^t/R1 ab, stimmen aber mit BH^t/R2 überein: Ri 16,27; 1Sam 25,10; Jer 27,3; Spr 26,18. Auch gegenüber BH^t/R2 differieren Gen 35,3d; Lev 11,45a; Dt 20,1e; Jes 65,11.12; Ez 11,2; Ps 18,33; 1Chr 11,10.

[6] Zu Definition und Terminologie der Satzformen IRSIGLER, (1977) 195-202, und weiter differenziert IRSIGLER, (1993) 81-96. Die Termini zur Klassifizierung von syntaktischen Kontextfunktionen entnehme ich IRSIGLER, (1992) 9. Die wichtigsten Definitionen für die Satzformen lauten (z.T. verkürzt):
ES1A: VS + elliptischer Satz mit gleichem vorausgesetzten P;
ES1B: NS + elliptischer Satz mit gleichem vorausgesetzten S oder P;
ES2A: verbaler Aussagerahmen aus Modifikator-VS und semantischem Leit-VS;
ES2B: verbaler Aussagerahmen mit einer finiten Form von *hyy*;
ES3: verbale P-Gruppe syntaktisch koordinierter, gleichartiger und sich inhaltlich zu einem Gesamtgeschehen ergänzender Verbalphrasen mit gleichem, lexematisch höchstens einmal ausgedrücktem, nicht in Sperrstellung stehendem S und zusätzlicher Ersparung (syntaktisches Funktionswort, gemeinsames Sy);
SB1A: Ersparungskonstruktion bei koordinierten, struktural gleichartigen VS mit gleichem, lexematisch höchstens einmal ausgedrücktem S; dabei Sperrstellung (durch S oder nicht valenzbedingte Sy);
SB1B: Ersparungskonstruktion bei koordinierten, struktural ungleichartigen Sätzen mit gleichem, lexematisch höchstens einmal ausgedrücktem S;
SB2A: Ersparungskonstruktion bei koordinierten, struktural gleichartigen Sätzen mit verschiedenem, auch je eigens lexematisch ausgedrücktem gleichem S;
SB2B: Ersparungskonstruktion bei koordinierten, struktural ungleichartigen Sätzen mit verschiedenem, auch je eigens lexematisch ausgedrücktem gleichem S.

[7] Das gilt nicht für abhängige Relativsätze und Syntagmasätze, die funktional auf der Ebene von Wortgruppe und Satz (nicht Satzfügung!) wirken und insofern in diesem Kontext kein besonderes Interesse verdienen.

gilt folgender Schlüssel:

1	Kontaktstellung zu determinierter Nominalgruppe
2	Kontaktstellung zu indeterminierter Nominalgruppe
3	Fernstellung zu determinierter Nominalgruppe
4	Fernstellung zu indeterminierter Nominalgruppe
5	Kein lexematisch klarer Bezug
ES	Erweiterter Satz
SB	Satzbund
SG	Satzgefüge
SY	Gefüge mit Syntagmasatz (auch Rede)
IN	Gefüge mit Infinitivkonstruktion
KF	Kontextfunktionale Satzverknüpfung: Satzreihe etc. (wird nur notiert, falls keine engere Bindung gegeben ist)
!	Zusammenhang mit (finitem) Verbalsatz

	Gen 32,10a	wa=yō(ʾ)mir YʿQB
	Gen 32,10bV1	ʾi̇lō*hē ʾabī=[y] ʾBRHM w˙=ʾi̇lō*hē ʾabī=[y] YṢḤQ
	Gen 32,10bV2	YHWH
1SY	Gen 32,10b	ha=ʾō*mir ʾil-ay=[y]
	Gen 32,10c	šūb l˙=ʾarṣ=ka w˙=l˙=mōladt=ka
	Gen 35,3c	w˙=ʾiʿśā̄ šam[m] mizbiḥ l˙=[h]a=ʾil
1KF!	Gen 35,3d	ha=ʿō*nā̄ ʾō*t=ī b˙=yōm ṣar[r]at=ī
	Gen 35,3e	wa=yi̇hy ʿimmad=ī b˙=[h]a=dark
	Gen 35,3eR	ʾȧšr halaktī
	Gen 49,17a	yi̇hy DN naḥaš ʿȧl-ē dark
	Gen 49,17b	š˙pīpō*n ʿȧl-ē ʾurḥ
2SG!	Gen 49,17c	ha=nō*šik ʿȧq⊕i̇bē sūs
	Gen 49,17d	wa=yippul rō*ki̇b=ō ʾaḥōr
	Gen 49,21a	NPTLY ʾayyalā šȧlū*ḥā
2	Gen 49,21b	ha=nō*tin ʾimȧrē šapr
	Lev 11,45a	kī ʾȧnī YHWH
1IN	Lev 11,45b	ha=maʿlā̄ ʾat=kim mi[n]=ʾarṣ MṢR-aym
	Lev 11,45bI	l˙=hyō*t la=kim l˙=ʾi̇lō*hīm
	Lev 11,45c	w˙=hȧyītim qȧdušīm
	Lev 11,45d	kī qadu(w)š ʾanī
	Lev 22,32c	ʾȧnī YHWH m˙qaddiš=kim
1IN	Lev 22,33a	ha=mōṣī(ʾ) ʾat=kim mi[n]=ʾarṣ MṢR-aym
	Lev 22,33aI	l˙=hyōt la=kim l˙=ʾi̇lō*hīm
	Dt 1,32	w˙=b˙=[h]a=dabar ha=zā̄ ʾēn=kim maʾmīnī*m b˙=YHWH ʾi̇lō*hē=kim
1IN	Dt 1,33a	ha=hō*lik l˙=pȧnē=kim b˙=[h]a=dark
	Dt 1,33aI1	la=tūr la=kim maqōm
	Dt 1,33aI2	l˙=ḥnō*t=kim
	Dt 1,33a	b˙=[h]a=ʾiš layl-a(h)
	Dt 1,33aI3	l˙=[h]arʾō*t=kim b˙=[h]a=dark
	Dt 1,33aI3R	ʾȧšr tili̇kū b-a=h
	Dt 1,33a	w˙=b˙=[h]a=ʿanan yōm-am
	Dt 8,14b	w˙=šakaḥta ʾat YHWH ʾi̇lō*hē=ka
1KF	Dt 8,14c	ha=mōṣīʾ=ka mi[n]=ʾarṣ MṢR-aym mib=bēt ʿȧbadīm
3SG	Dt 8,15a	ha=mōlīk=ka b˙=[h]a=midbar ha=gadul w˙=ha=nōrā(ʾ) naḥaš śarap w˙=ʿaqrab w˙=ṣimmaʾōn
	Dt 8,15aR	ʾȧšr ʾēn maym
3KF	Dt 8,15b	ha=mōṣī(ʾ) l˙=ka maym miṣ=ṣūr ha=ḥallamīš

3SG	Dt 8,16a	ha=ma'kī*l=ka man b˙=[h]a=midbar
	Dt 8,16aR	'ȧšr lō(') yadȧ'ū-n 'ȧbō*t-ē=ka
	Dt 8,16aI1	l˙=ma'n 'annō*t=ka
	Dt 8,16aI2	w˙=l˙=ma'n nassō*t-i=ka
	Dt 8,16aI3	l˙=hēṭī*b=ka b˙='aḥrīt-i=ka
	Dt 20,1c	lō(') tīrā(') mi[n]=him
	Dt 20,1d	kī YHWH 'ilō*hē=ka 'imm-a=k
3	Dt 20,1d	ha=ma'l=ka mi[n]='arṣ MṢR-aym
	Dt 33,8a	w˙=l˙=LWY 'amar
	Dt 33,8b	tummē=ka w˙='ūrē=ka l˙='īš ḥȧsīd-i=ka
	Dt 33,8bR	'ȧšr nissīt=ō b˙=MSH
	Dt 33,8c	tȧrīb-i=hu(w) 'al mē m˙rībā
3SY	Dt 33,9a	ha='ō*mir l˙='abī=w w˙=l˙='imm=ō
	Dt 33,9b	lō(') rȧ'ītī=w
	Ri 16,27c	w˙='al ha=gag[g] k˙=šȧlušt 'ȧlapīm 'īš w˙='iššā
2IN	Ri 16,27d	ha=rō*'īm
	Ri 16,27dI	b˙=śḥu(w)q ŠMŠWN
	1Sam 25,10e	ha=yōm rabbū 'ȧbadīm
2	1Sam 25,10e	ha=mitpar[r]iṣīm 'īš mip=pȧnē 'ȧdō*n-a(y)=w
	2Sam 1,24aV	bȧnōt YŚR'L
	2Sam 1,24a	'il Š'WL bkēna(h)
3KF	2Sam 1,24b	ha=malbī*š=kim šanī 'im[m] 'idanīm
3KF	2Sam 1,24c	ha=ma'lā 'ȧdy zahab 'al lȧbūš=kin[n]
	1Kön 9,23a	'il⊕ā śar[r]ē ha=niṣṣabīm
	1Kön 9,23aR	'ȧšr 'al ha=mȧlā(')kā l˙=ŠLMH
	1Kön 9,23a	ḥȧmiš⊕īm w˙=ḥȧmiš mi'ōt
3	1Kön 9,23b	ha=rō*dīm b˙=[h]a='am[m] ha='ō*śīm b˙=[h]a=mȧlā(')kā
	1Kön 10,8b	'ašrē 'ȧbadē=ka 'il⊕ā
1KF	1Kön 10,8c	ha='ō*midīm l˙=pȧnē=ka tamīd
3KF	1Kön 10,8d	ha=šō*mi'īm 'at ḥukmat-i=ka
	Jes 5,18a	hōy mō*šikē ha='awō*n b˙=ḥabȧlē ha=šaw'
	Jes 5,18b	w˙=k˙='ibōt ha='agalā ḥaṭṭa'ā
3SY	Jes 5,19a	ha='ō*mirīm
	Jes 5,19b	y˙mah[h]ir
	Jes 18,1a	hōy 'arṣ ṣȧlȧṣal kȧnapaym

	Jes 18,1aR	ʾȧšr mi[n]=ʿibr l·=nahȧrē KWŠ
4ES	Jes 18,2a	ha=šō*liḥ b·=[h]a=yam[m] ṣīrīm
	Jes 18,2b	w·=b·=kilē gum' ʿal pȧnē maym
	Jes 30,1a	hōy banīm sōrirīm
	Jes 30,1aJ	nȧʾū*m YHWH
	Jes 30,1aI1	l·=ʿśōt ʿiṣā
	Jes 30,1b	w·=lō(ʾ) min⊕=ī
	Jes 30,1aI2	w·=l·=nsuk massikā
	Jes 30,1c	w·=lō(ʾ) rūḥ=ī
	Jes 30,1aI3	l·=maʿn spōt ḥaṭṭā(ʾ)t ʿal ḥaṭṭā(ʾ)t
4IN!	Jes 30,2a	ha=hō*likīm
	Jes 30,2aI1	la=ridt MṢR-aym
	Jes 30,2b	w·=pī=[y] lō(ʾ) šaʾalū
	Jes 41,13a	kī ʾȧnī YHWH ʾilō*hē=ka maḥzīq yȧmīn-i=ka
1SY	Jes 41,13b	ha=ʾō*mir l·=ka
	Jes 41,13c	ʾal tīrā(ʾ)
	Jes 43,16a	kō(h) ʾamar YHWH
1ES	Jes 43,16b	ha=nōtin b·=[h]a=yam[m] dark
	Jes 43,16c	w·=b·=maym ʿazzīm nȧtībā
3KF!	Jes 43,17a	ha=mōṣī(ʾ) rakb wa=sūs ḥayl w·=ʿizzūz yaḥd-aw
	Jes 43,17b	yiškȧbū
	Jes 43,17c	bal yaqūmū
	Jes 43,17d	daʿ·kū
	Jes 43,17e	k·=[h]a=pištā kabū
	Jes 44,24a	kō(h) ʾamar YHWH gō*ʾil-i=ka w·=yō*ṣir=ka mib=baṭn
	Jes 44,24b	ʾanō*kī YHWH
	Jes 44,24c	ʿō*śā̄ kul[l]
	Jes 44,24d	nō*ṭā̄ šamaym l·=badd=ī
	Jes 44,24e	rō*qiʿ ha=ʾarṣ
	Jes 44,24f	mī ʾitt=ī
	Jes 44,25a	mipir[r] ʾō*tōt baddīm
	Jes 44,25b	w·=qō*simīm y·hōlil
	Jes 44,25c	mišīb ḥȧkamīm ʾaḥōr
	Jes 44,25d	w·=diʿt-a=m y·śakkil
	Jes 44,26a	miqīm dȧbar ʿabd=ō
	Jes 44,26b	w·=ʿiṣat malʾak-a(y)=w yašlīm
3SY	Jes 44,26c	ha=ʾō*mir l·=YRWŠLM
	Jes 44,26d	tūšab
	Jes 44,26e	w·=l·=ʿārē YHWDH
	Jes 44,26f	tibbanēna(h)

	Jes 44,26g	*w˙=ḥurabōt-ē=ha ʾ˙ qōmim*
3SY	Jes 44,27a	*ha=ʾō*mir l˙=[h]a=ṣūlā*
	Jes 44,27b	*ḥrubī*
	Jes 44,27c	*w˙=naharō*t-ay=k ʾōbīš*
3SY	Jes 44,28a	*ha=ʾō*mir l˙=KWRŠ*
	Jes 44,28b	*rō*ʿ=ī*
	Jes 44,28c	*w˙=kul[l] ḥipṣ=ī yašlī*m*
	Jes 46,3a	*šimʿū ʾil-ay=[y]*
	Jes 46,3aV	*bēt YʿQB w˙=kul[l] š(ʾ)ērīt bēt YŚRʾL*
1KF	Jes 46,3b	*ha=ʿamū*sīm min⊕-ī baṭn*
3KF	Jes 46,3c	*ha=naśū*ʾīm min⊕-ī raḥm*
	Jes 46,5a	*l˙=mī t˙dam[mi]yū=nī*
	Jes 46,5b	*w˙=tašwū*
	Jes 46,5c	*w˙=tamšī*lū=nī*
	Jes 46,5d	*w˙=nidmā*
5KF!	Jes 46,6a	*ha=zālīm zahab mik=kīs*
	Jes 46,6b	*w˙=kasp b˙=[h]a=qanā yišqulū*
	Jes 47,8a	*w˙=ʿitt-a(h) šimʿī zō(ʾ)t*
	Jes 47,8aV	*ʿadīnā*
1KF	Jes 47,8b	*ha=yōšibt la=baṭḥ*
4SY	Jes 47,8c	*ha=ʾō*mirā b˙=libab-a=h*
	Jes 47,8d	*ʾanī*
	Jes 47,13a	*nilʾēt b˙=rub[b] ʿiṣat-ay=k*
	Jes 47,13b	*yiʿmudū nā(ʾ)*
	Jes 47,13c	*w˙=yōšīʿū*=k*
	Jes 47,13b	*hō*birē šamaym*
2ES	Jes 47,13d	*ha=ḥō*zīm b˙=[h]a=kōkabīm* (nach dem Qre!)
	Jes 47,13e	*mōdīʿī*m l˙=[h]a=ḥudašīm*
	Jes 47,13f	*mi[n]=ʾašr yabō*ʾū ʿal-ay=k*
	Jes 48,1a	*šimʿū zō(ʾ)t*
	Jes 48,1aV	*bēt YʿQB*
1KF!	Jes 48,1b	*ha=niqraʾīm b˙=šim YŚRʾL*
	Jes 48,1c	*w˙=mim=mē YHWDH yaṣaʾū*
3KF!	Jes 48,1d	*ha=nišbaʿīm b˙=šim YHWH*
	Jes 48,1e	*w˙=b˙=ʾilō*hē YŚRʾL yazkīrū lō(ʾ) b˙=ʾami[t]t w˙=lō(ʾ) b˙=ṣadaqā*
	Jes 51,9e	*ha=lō(wʾ) ʾatt hī(ʾ)*
1ES	Jes 51,9f	*ha=maḥṣibt RHB*

	Jes 51,9g	*m˙ḥōlilt tannīn*
	Jes 51,10a	*hȧ=lō(w') 'att hī(')*
1KF	Jes 51,10b	*ha=maḥrībt yam[m] mē tihōm rabbā*
3IN	Jes 51,10c	*ha=śāmā ma'maq⊕ē yam[m] dark*
	Jes 51,10cI	*l˙='bur gȧ'ūlīm*
	Jes 51,20a	*ban-ay=k 'ullȧpū*
	Jes 51,20b	*šakȧbū b˙=rō(')š kul[l] ḥūṣōt k˙=tō(') mikmar*
3	Jes 51,20c	*ha=mȧli'īm ḥimat YHWH ga'ȧrat 'ilō*h-ay=k*
	Jes 57,4d	*hȧ=lō(w') 'attim yȧlȧdē paš'*
	Jes 57,4e	*zar' šaqr*
2ES	Jes 57,5a	*ha=ni[ḥ]ḥam[m]īm b˙=[h]a='ē*līm taḥt kul[l] 'iṣ ra'nan*
	Jes 57,5b	*šō*ḥiṭē ha=yȧladīm b˙=[h]a=nȧḥalīm*
		*taḥt s˙'ī*pē ha=sȧla'īm*
	Jes 65,2a	*pir[r]aśtī yad-ay=[y] kul[l] ha=yōm 'il 'am[m] sōrir*
2SF	Jes 65,2b	*ha=hō*likīm ha=dark*
	Jes 65,2bR	*lō(') ṭōb*
	Jes 65,2b	*'aḥ⊕ar maḥšȧbō*t-ē=him*
	Jes 65,3a	*ha='am[m] ha=mak'īsīm 'ōt=ī 'al pan-ay=[y] tamīd*
	Jes 65,3b	*zō*biḥīm b˙=[h]a=gannōt*
	Jes 65,3c	*w˙=m˙qaṭṭirīm 'al ha=lȧbinīm*
3KF!	Jes 65,4a	*ha=yō*šibīm b˙=[h]a=qȧbarīm*
	Jes 65,4b	*w˙=b˙=[h]a=nȧṣūrīm yalīnū*
3KF!	Jes 65,4c	*ha='ō*kilīm bȧśar ha=ḥ˙zīr*
	Jes 65,4d	*w˙=pȧraq piggū*līm kilē=him*
3SY	Jes 65,5a	*ha='ō*mirīm*
	Jes 65,5b	*qrab 'il-ē=ka*
	Jes 65,11P12a	*w˙='attim 'ō*zibē YHWH*
1KF	Jes 65,11a	*ha=šȧkiḥīm 'at har[r] qudš=ī*
3KF	Jes 65,11b	*ha='ō*rikīm l˙=[h]a=GD šulḥān*
3KF	Jes 65,11c	*w˙=ha=m˙mal[li]'īm l˙=[h]a=MNY mimsak*
	Jes 65,12a	*w˙=manītī 'at=kim l˙=[h]a=ḥarb*
	Jer 2,6a	*w˙=lō(') 'amȧrū*
	Jer 2,6b	*'ayyē(h) YHWH*
1KF	Jer 2,6c	*ha=ma'lā̈ 'ō*t-a=nū mi[n]='arṣ MṢR-aym*
3KF	Jer 2,6d	*ha=mōlīk 'ō*t-a=nū b˙=[h]a=midbar b˙='arṣ 'ȧrabā*
		*w˙=šūḥā b˙='arṣ ṣī*y⊕ā w˙=ṣalmawt b˙='arṣ*
	Jer 13,10aP	*ha='am[m] ha=zā̈ ha=ra'[']*
1IN	Jer 13,10b	*ha=[m˙]mȧ'[']inīm*

	Jer 13,10bI	l˙=šmu(w)ʿ ʾat dȧbar-ay=[y]
3KF!	Jer 13,10c	ha=hō*li̇kīm b˙=š˙rī*rūt libb-a=m
	Jer 13,10d	wa=yili̇kū ʾaḥ⊕ȧrē ʾi̇lō*hīm ʾȧḥirīm
	Jer 13,10dI1	l˙=ʿubd-a=m
	Jer 13,10dI2	w˙=l˙=hištaḥwō*t la=him
	Jer 13,10a	w˙=yi̇hy k˙=[h]a=ʾizōr ha=zǟ
	Jer 13,10aR	ʾȧšr lō(ʾ) yiṣlaḥ l˙=[h]a=kul[l]
	Jer 21,13a	hin[ni̇]=nī ʾil-ay=k
	Jer 21,13aV	yō*ši̇bt ha=ʿimq ṣūr ha=mīšō*r
	Jer 21,13aJ	nȧʾū*m YHWH
3SY	Jer 21,13b	ha=ʾō*mi̇rīm
	Jer 21,13c	mī yi[ḥ]ḥat ʿal-ē=nū
	Jer 21,13d	w˙=mī yabō(ʾ) b˙=mȧʿōnōt-ē=nū
	Jer 22,13a	hōy bō*nǟ bēt=ō b˙=lō(ʾ) ṣadq
	Jer 22,13b	w˙=ʿȧlī*y⊕ōt-a(y)=w b˙=lō(ʾ) mišpaṭ
	Jer 22,13c	b˙=riʿ-i=hu(w) yi̇ʿbud ḥinn-am
	Jer 22,13d	w˙=puʿl=ō lō(ʾ) yittin l=ō
3SY	Jer 22,14a	ha=ʾō*mir ...
	Jer 23,31a	hin[ni̇]=nī ʿal ha=nȧbīʾī*m
	Jer 23,31aJ	nȧʾū*m YHWH
3KF!	Jer 23,31b	ha=lō*qi̇ḥīm lȧšōn-a=m
	Jer 23,31c	wa=yinʾȧmū nȧʾū*m
	Jer 23,26b	hȧ=yiš b˙=lib[b] ha=nȧbī*ʾīm nibbȧʾē ha=šaqr
		w˙=nȧbīʾē tarmī*t libb-a=m
3IN	Jer 23,27a	ha=ḥō*ši̇bīm
	Jer 23,27aI	l˙=haškīḥ ʾat ʿamm=ī ši̇m=ī b˙=ḥ˙lōmō*t-a=m
	Jer 23,27aIR	ʾȧšr y˙sappi̇rū ʾīš l˙=riʿ-i=hu(w)
	Jer 27,2b	ʿśē(h) l˙=ka mō[ʾ]sirōt w˙=mō*ṭōt
	Jer 27,2c	w˙=nȧtatta=m ʿal ṣawwā(ʾ)r-i=ka
	Jer 27,3a	w˙=šillaḥta=m ʾil malk ʾDWM w˙=ʾil malk MWʾB
		w˙=ʾil malk bȧnē ʿMWN w˙=ʾil malk ṢR w˙=ʾil malk ṢYDWN
		b˙=yad malʾakīm
2	Jer 27,3b	ha=bāʾīm YRWŠLM ʾil ṢDQYHW malk YHWDH
	Jer 49,4a	mah tithal[li̇]lī b˙=[h]a=ʿi̇maqīm
	Jer 49,4b	zāb ʿimq-i=k
	Jer 49,4bV	ha=bi̇[t]t ha=šōbibā
1KF	Jer 49,4c	ha=bō*ṭi̇ḥā b˙=ʾō*ṣȧrō*t-ē=ha
	Jer 49,4d	mī yabō(ʾ) ʾil-ay=[y]

	Jer 51,25a	*hin[ni]=nī ʾil-ē=ka*
	Jer 51,25aV	*har[r] ha=mašḥīt*
	Jer 51,25aJ	*nȧʾū*m YHWH*
3	Jer 51,25b	*ha=mašḥīt ʾat kul[l] ha=ʾarṣ*
	Jer 51,25c	*wˈ=naṭītī ʾat yad=ī ʿal-ē=ka*
	Ez 11,2b	*ʾil⊕ä ha=ʾȧnašīm*
1KF	Ez 11,2c	*ha=ḥō*šibīm ʾawn*
3KF	Ez 11,2d	*wˈ=ha=yō*ʿiṣīm ʿiṣat raʿ[ʿ] bˈ=[h]a=ʿīr ha=zō(ʾ)t*
3SY	Ez 11,3a	*ha=ʾō*mirīm*
	Ez 11,3b	*lō(ʾ) bˈ=qaru(w)b*
	Ez 11,3bI	*bnōt bāt⊕īm*
	Ez 32,22c	*kull-a=m ḥȧlalīm*
3SG	Ez 32,22d	*ha=nō*pilīm bˈ=[h]a=ḥarb*
	Ez 32,23vR	*ʾȧšr nittȧnū qȧbȧrō*t-ē=ha bˈ=yarikatē bō[ʾ]r*
	Ez 32,24b	*kull-a=m ḥȧlalīm*
3SG	Ez 32,24c	*ha=nō*pilīm bˈ=[h]a=ḥarb*
	Ez 32,24cR1	*ʾȧšr yarȧdū ʿȧrilīm ʾil ʾarṣ taḥtī*y⊕ōt*
	Am 2,6a	*kō(h) ʾamar YHWH*
	Am 2,6b	*ʿal šȧlō*šā pȧšȧʿē YŚRʾL wˈ=ʿal ʾarbaʿā lō(ʾ) ʾȧšīb-an=[h]u(w)*
	Am 2,6bI1	*ʿal mikr-a=m bˈ=[h]a=kasp ṣaddīq*
	Am 2,6bI2	*wˈ=ʾibyōn bˈ=ʿȧbūr naʿlaym*
3KF!	Am 2,7a	*ha=šō*ʾipīm ʿal ʿȧpar ʾarṣ bˈ=rō(ʾ)š dallīm*
	Am 2,7b	*wˈ=dark ʿȧnawīm yaṭṭū*
	Am 4,1a	*šimʿū ha=dabar ha=zä*
	Am 4,1aV	*par[r]ōt ha=BŠN*
	Am 4,1aVR	*ʾȧšr bˈ=har[r] ŠMRWN*
3KF	Am 4,1b	*ha=ʿō*šiqōt dallīm*
3KF	Am 4,1c	*ha=rōṣiṣōt ʾibyōnīm*
3SY	Am 4,1d	*ha=ʾō*mirō*t lˈ=ʾȧdō*nē=him*
	Am 4,1e	*habīʾ-a(h)*
	Am 5,6a	*diršū ʾat YHWH*
	Am 5,6b	*wˈ=ḥyū*
	Am 5,6c	*pan yiṣlaḥ kˈ=[h]a=ʾiš bēt YWSP*
	Am 5,6d	*wˈ=ʾakȧlā*
	Am 5,6e	*wˈ=ʾēn mˈkabbä lˈ=BYT ʾL*
1KF!	Am 5,7a	*ha=hō*pikīm lˈ=laʿnā mišpaṭ*
	Am 5,7b	*wˈ=ṣȧdaqā lˈ=[h]a=ʾarṣ hin⊕īḥū*

	Am 5,8aP1	ʿō*śē(h) kīmā w˙=k˙sīl
	Am 5,8aP2	w˙=hō*pik l˙=[h]a=buqr ṣalmawt
	Am 5,8b	w˙=yōm laylā hiḥšīk
	Am 5,8aP3	ha=qōrē(ʾ) l˙=mē ha=yam[m]
	Am 5,8c	wa=yišpu̇k-i=m ʿal pȧnē ha=ʾarṣ
	Am 5,8a	YHWH šim=ō
3SG!	Am 5,9a	ha=mablīg šud[d] ʿal ʿaz[z]
	Am 5,9b	w˙=šud[d] ʿal mibṣar yabō(ʾ)
	Am 6,1a	hōy ha=šaʾnan⊕īm b˙=ṢYWN
	...	...
	Am 6,2e	hȧ=ṭōbīm min ha=mamlakōt ha=ʾil⊕ā̈
	Am 6,2f	ʾim rab[b] gȧbūl-a=m mig=gȧbū*l=kim
3KF!	Am 6,3a	ha=m˙naddīm l˙=yōm raʿ[ʿ]
	Am 6,3b	wa=taggīšū-n šibt ḥamas
3ES	Am 6,4a	ha=šō*ki̇bīm ʿal miṭṭōt šin[n]
	Am 6,4b	w˙=sȧrū*ḥīm ʿal ʿarȧśōt-a=m
	Am 6,4c	w˙=ʾō*ki̇līm kar[r]īm miṣ=ṣō(ʾ)n
	Am 6,4d	w˙=ʿigalīm mit=tōk marbiq
3KF!	Am 6,5a	ha=pō*ri̇ṭīm ʿal pī ha=nabl
	Am 6,5b	k˙=DWYD ḥašȧbū la=him ki̇lē šīr
3KF!	Am 6,6a	ha=šō*tīm b˙=mizrȧqē yayn
	Am 6,6b	w˙=rē(ʾ)šīt šȧmanīm yimšaḥū
	Am 6,6c	w˙=lō(ʾ) ni[ḥ]ḥlū ʿal šibr YWSP
	Am 6,12a	ha=yȧrū*ṣū-n b˙=[h]a=salʿ sūsīm
	Am 6,12b	ʾim yiḥru(w)š b˙=[h]a=bȧqarīm
	Am 6,12c	kī hȧpaktim l˙=rō(ʾ)š mišpaṭ w˙=pi̇ry ṣadaqā l˙=laʿnā
5KF	Am 6,13a	ha=śȧmiḥīm l˙=lō(ʾ) dabar
3SY	Am 6,13b	ha=ʾō*mi̇rīm
	Am 6,13c	hȧ=lō(wʾ) b˙=ḥuzq-i=nū laqaḥnū la=nū QRNYM
	Am 8,13	b˙=[h]a=yōm ha=hū(ʾ) titʿallapna(h) ha=bȧtūlō*t ha=yapōt w˙=ha=baḥ[ḥ]ūrīm b˙=[h]a=ṣamā(ʾ)
3SG!	Am 8,14a	ha=nišbaʿīm b˙=ʾašamat ŠMRWN
	Am 8,14b	w˙=ʾamȧrū
	Mich 3,9a	šimʿū nā(ʾ) zō(ʾ)t
	Mich 3,9aV	rā(ʾ)šē bēt YʿQB w˙=qaṣīnē bēt YŚRʾL
1KF!	Mich 3,9b	ha=m˙taʿ[ʿ]ibīm mišpaṭ
	Mich 3,9c	w˙=ʾȧt kul[l] ha=yȧšarā y˙ʿaqqišū
	Mich 4,11a	w˙=ʿi̇tt-a(h) niʾsȧpū ʿal-ay=k gōyī*m rabbīm
2SY	Mich 4,11b	ha=ʾō*mi̇rīm

	Mich 4,11c	*tiḥnap*
	Mich 4,11d	*w·=tiḥz b·=ṢYWN ʿēnē=nū*
	Mich 7,10a	*w·=tirʾ ʾō*yi̇bt=ī*
	Mich 7,10b	*w·=t·kass-i=ha būšā*
3SY	Mich 7,10c	*ha=ʾō*mi̇rā ʾil-ay=[y]*
	Mich 7,10d	*ʾayy=ō YHWH ʾi̇lō*h-ay=k*
	Nah 3,4a	*mi[n]=rub[b] zȧnūnē zōnā*
	Nah 3,4b	*ṭōbat ḥin[n]*
	Nah 3,4c	*baʿlat kȧšapīm*
2ES	Nah 3,4d	*ha=mō*ki̇rt gōyī*m b·=zȧnūnē=ha*
	Nah 3,4e	*w·=mišpaḥōt b·=kȧšapē=ha*
	Nah 3,17a	*min⊕zar-ay=k k·=[h]a=ʾarbā̈*
	Nah 3,17b	*w·=ṭapsȧr-ay=k k·=gōb gō*bay*
2	Nah 3,17c	*ha=ḥōnīm b·=[h]a=gȧdirōt b·=yōm qar[r]ā*
	Hab 1,6a	*kī hin[ni̇]=nī miqīm ʾat ha=KŚD-īm*
		ha=gōy ha=mar[r] w·=ha=nimhar
1IN	Hab 1,6b	*ha=hōlik l·=marḥȧbē ʾarṣ*
	Hab 1,6bI	*la=rašt miškanōt*
	Hab 1,6bIR	*lō(ʾ) l=ō*
	Zef 2,15a	*zō(ʾ)t ha=ʿīr ha=ʿallīzā*
1KF	Zef 2,15b	*ha=yōši̇bt la=baṭḥ*
3SY	Zef 2,15c	*ha=ʾō*mi̇rā b·=li̇bab-a=h*
	Zef 2,15d	*ʾȧnī*
	Zef 2,15e	*w·=ʾaps-ī ʿōd*
	Ps 18,32a	*kī mī ʾi̇lōh mib=balʿȧdē YHWH*
	Ps 18,32b	*w·=mī ṣūr zūlat-ī ʾi̇lō*hē=nū*
	Ps 18,33a	*ha=ʾil*
1KF!	Ps 18,33b	*ha=m·ʾazzi̇r-i=nī ḥayl*
	Ps 18,33c	*wa=yittin tamīm dark=ī*
	Ps 18,34a	*m·šawwā̈ ragl-ay=[y] k·=[h]a=ʾayyalōt*
	Ps 18,34b	*w·=ʿal bāmō*t-ay=[y] yaʿmī*d-i=nī*
	Ps 18,35a	*m·lammid yad-ay=[y] l·=[h]a=milḥamā*
	Ps 18,35b	*w·=niḥ[ḥ]i̇tā qašt nȧḥūšā zi̇rōʿō*t-ay=[y]*
	Ps 19,10c	*mišpȧṭē YHWH ʾȧmi[t]t*
	Ps 19,10d	*ṣad·qū yaḥd-aw*
3ES	Ps 19,11a	*ha=niḥmadīm miz=zahab w·=mip=paz[z] rab[b]*
	Ps 19,11b	*w·=mȧtu(w)qīm mid=di̇bš w·=nupt ṣūpīm*

	Ps 31,19a	*ti[']'alamna(h) śápátē šaqr*
2	Ps 31,19b	*ha=dō*bìrōt 'al ṣaddīq 'ataq b˙=ga'wā wa=būz*
	Ps 33,13a	*miš=šamaym hibbīṭ YHWH*
	Ps 33,13b	*ra'ā 'at kul[l] bánē ha='adam*
	Ps 33,14	*mim=mákōn šibt=ō hišgīḥ 'il kul[l] yō*šibē ha='arṣ*
3KF	Ps 33,15a	*ha=yō*ṣir yaḥd libb-a=m*
3KF	Ps 33,15b	*ha=mibīn 'il kul[l] ma'śē=him*
	Ps 49,6a	*la-m⊕ah 'īrā(') b˙=yámē ra'['']*
	Ps 49,6b	*'áwō*n 'áqib-ay=[y] yásu(w)bb-i=nī*
3KF!	Ps 49,7a	*ha=bō*ṭiḥīm 'al ḥēl-a=m*
	Ps 49,7b	*w˙=b˙=rub[b] 'ušr-a=m yithallalū*
	Ps 66,8a	*bar[rì]kū*
	Ps 66,8aV	*'ammīm*
	Ps 66,8a	*'ìlō*hē=nū*
	Ps 66,8b	*w˙=hašmī'ū qōl táhillat=ō*
3KF!	Ps 66,9a	*ha=śām napš-i=nū b˙=[h]a=ḥayyīm*
	Ps 66,9b	*w˙=lō(') natan*
	Ps 66,9bI	*la=m⊕ōṭ ragl-i=nū*
	Ps 86,2c	*hōšì' 'abd=ka*
	Ps 86,2d	*'attā 'ìlō*h-ay=[y]*
3	Ps 86,2e	*ha=bōṭiḥ 'il-ē=ka*
	Ps 94,10aP	*há=yō*sir gōyī*m*
	Ps 94,10a	*há=lō(') yōkīḥ*
4	Ps 94,10b	*ha=m˙lammid 'adam dì't*
	Ps 97,7a	*yibō*šū kul[l] 'ō*bìdē pasl*
2	Ps 97,7b	*ha=mithal[lì]līm b˙=[h]a='' līlīm*
	Ps 103,2a	*bar[r]ikī*
	Ps 103,2aV	*napš=ī*
	Ps 103,2a	*'at YHWH*
	Ps 103,2b	*w˙='al tiškáḥī kul[l] g˙mūl-a(y)=w*
3KF	Ps 103,3a	*ha=sō*liḥ l˙=kul[l] 'áwō*n-i=kī*
3KF	Ps 103,3b	*ha=rō*pē(') l˙=kul[l] taḥlū*'-ay=kī*
3KF	Ps 103,4a	*ha=gō'il miš=šaḥt ḥayy-ay=kī*
3KF	Ps 103,4b	*ha=m˙'aṭṭir-i=kī ḥasd w˙=raḥmīm*
3KF!	Ps 103,5a	*ha=maśbī' b˙=[h]a=ṭōb 'ady-i=kī*
	Ps 103,5b	*tithaddiš k˙=[h]a=našr ná'ūr-ay=kī*

	Ps 104,1a	bar[r]i̇kī
	Ps 104,1aV	napš=ī
	Ps 104,1a	ʾat YHWH
	Ps 104,1bV	YHWH ʾi̇lō*h-ay=[y]
	Ps 104,1b	gadalta m(ʾ)ōd
	Ps 104,1c	hōd w˙=hadar labašta
	Ps 104,2a	ʿō*ṭā̄ ʾōr k˙=[h]a=śalmā
	Ps 104,2b	nōṭā̄ šamaym k˙=[h]a=yȧrīʿā
3KF	Ps 104,3a	ha=m˙qar[r]ā̄ b˙=[h]a=maym ʿȧlī*y⊕ōt-a(y)=w
3KF	Ps 104,3b	ha=śām ʿābīm ru̇kūb=ō
3KF	Ps 104,3c	ha=m˙hallik ʿal kanȧpē rūḥ
	Ps 104,4a	ʿō*śā̄ malʾak-a(y)=w rūḥōt
	Ps 104,4b	m˙šar[ri̇]t-a(y)=w ʾiš lō*hiṭ
	Ps 104,5a	yasad ʾarṣ ʿal mȧkōnē=ha
	Ps 104,5b	bal timmōṭ ʿōlam wa=ʿad

	Ps 104,9a	gȧbūl śamta
	Ps 104,9b	bal yi̇ʿburū-n
	Ps 104,9c	bal yȧšūbū-n
	Ps 104,9cI	l˙=kassōt ha=ʾarṣ
3SG!	Ps 104,10a	ha=m˙šalliḥ maʿyanīm b˙=[h]a=nȧḥalīm
	Ps 104,10b	bēn har[r]īm y˙hallikū-n

	Ps 104,31a	yi̇hy kȧbōd YHWH l˙=ʿōlam
	Ps 104,31b	yiśmaḥ YHWH b˙=maʿś-a(y)=w
3SG!	Ps 104,32a	ha=mabbīṭ l˙=[h]a=ʾarṣ
	Ps 104,32b	wa=tirʿad

	Ps 113,5a	mī k˙=YHWH ʾi̇lō*hē=nū
1IN	Ps 113,5b	ha=magbīh-ī
	Ps 113,5bI	la=ši̇bt
3IN	Ps 113,6a	ha=mašpīl-ī
	Ps 113,6aI	l˙=rʾōt b˙=[h]a=šamaym w˙=b˙=[h]a=ʾarṣ

	Ps 114,7a	mil=l˙=pȧnē ʾadōn ḥūlī
	Ps 114,7aV	ʾarṣ
	Ps 114,7a	mil=l˙=pȧnē ʾi̇lōh YʿQB
1ES	Ps 114,8a	ha=hō*pik-ī ha=ṣūr ʾȧgam maym
	Ps 114,8b	ḥallamīš l˙=maʿyȧn-ō maym

	Ps 119,1a	ʾašrē tȧmīmē dark
2	Ps 119,1b	ha=hō*li̇kīm b˙=tōrat YHWH

	Ps 128,1b	*'ašrē kul[l] yārē(') YHWH*
1	Ps 128,1c	*ha=hō*lik b˙=dārak-a(y)=w*
	Ps 137,7a	*zkur*
	Ps 137,7aV	*YHWH*
	Ps 137,7a	*l˙=bānē 'DWM 'at yōm YRWŠLM*
3SY	Ps 137,7b	*ha='ō*mirīm*
	Ps 137,7c	*'ar[r]ū*
	Ps 137,7d	*'ar[r]ū*
	Ps 144,1b	*barūk YHWH ṣūr=ī*
1ES	Ps 144,1c	*ha=m˙lammid yad-ay=[y] l˙=[h]a=q˙rāb*
	Ps 144,1d	*'iṣbā'ōt-ay=[y] l˙=[h]a=milḥamā*
	Ps 144,2a	*ḥasd=ī w˙=māṣūdat=ī*
	Ps 144,2b	*miśgab⊕=ī w˙=m˙pal[li]ṭ-ī l=ī*
	Ps 144,2c	*maginn=ī*
	Ps 144,2d	*w˙=b=ō ḥasītī*
3	Ps 144,2e	*ha=rōdid 'amm=ī taḥt-ay=[y]*
	Ps 144,9aV	*'ilō*hīm*
	Ps 144,9a	*šīr ḥadaš 'ašīr-a(h) l-a=k*
	Ps 144,9b	*b˙=nibl 'aśū(w)r '˙zammir-a(h) l-a=k*
3KF	Ps 144,10a	*ha=nōtin tašū'ā l˙=[h]a=malakīm*
3KF	Ps 144,10b	*ha=pōṣā 'at DWD 'abd=ō mi[n]=ḥarb ra'[']ā*
	Ps 146,5a	*'ašrē*
	Ps 146,5b	*ša='il Y'QB b˙='izr=ō*
	Ps 146,5c	*śibr=ō 'al YHWH 'ilō*h-a(y)=w*
	Ps 146,6a	*'ō*śā šamaym wa='arṣ 'at ha=yam[m] w˙='at kul[l]*
	Ps 146,6aR	*'ašr b-a=m*
3ES!	Ps 146,6b	*ha=šō*mir 'ami[t]t l˙='ōlam*
	Ps 146,7a	*'ō*śā mišpaṭ l˙=[h]a='ašūqīm*
	Ps 146,7b	*nō*tin laḥm l˙=[h]a=rā'ibīm*
	Ps 146,7c	*YHWH mattīr 'asūrīm*
	Ps 147,2a	*bōnē(h) YRWŠLM YHWH*
	Ps 147,2b	*nid[dā]ḥē YŚR'L y˙kannis*
3ES	Ps 147,3a	*ha=rō*pē(') l˙=šabūrē lib[b]*
	Ps 147,3b	*w˙=m˙ḥabbiš l˙='aṣṣabōt-a=m*
	Ps 147,7a	*'nū l˙=YHWH b˙=tōdā*
	Ps 147,7b	*zammirū l˙='ilō*hē=nū b˙=kinnōr*
3KF	Ps 147,8a	*ha=m˙kassā šamaym b˙='ābīm*
3KF	Ps 147,8b	*ha=mikīn l˙=[h]a='arṣ maṭar*

3KF	Ps 147,8c	*ha=maṣmīḥ har[r]īm ḥaṣīr*
	Ps 147,12b	*hal[li]lī ʾi̇lō*h-ay=k*
	Ps 147,12bV	*ṢYWN*
	Ps 147,13a	*kī ḥizzaq b·rīḥē šȧʿar-ay=k*
	Ps 147,13b	*bir[r]ak ban-ay=k b·=qȧrb-i=k*
3KF!	Ps 147,14a	*ha=śām gȧbūl-i=k šalōm*
	Ps 147,14b	*ḥilb ḥiṭṭīm yaśbīʿ-i=k*
3KF!	Ps 147,15a	*ha=šō*liḥ ʾimrat=ō ʾarṣ*
	Ps 147,15b	*ʿad mȧhirā yarūṣ dȧbar=ō*
3KF!	Ps 147,16a	*ha=nō*tin šalg k·=[h]a=ṣamr*
	Ps 147,16b	*k·pōr k·=[h]a=ʾipr y·pazzir*
	Ij 3,8a	*yiqqu̇b[b]ū*=hu(w) ʾō*ri̇rē yōm*
2IN	Ij 3,8b	*ha=ʿȧtīdīm*
	Ij 3,8bI	*ʿō*rir liwyatān*
	Ij 3,13d	*ʾaz yanūḥ l=ī*
	Ij 3,14v	*ʿim[m] mȧlakīm w·=yō*ʿi̇ṣē ʾarṣ*
2KF	Ij 3,14a	*ha=bō*nīm ḥu̇rabōt la=mō*
2KF	Ij 3,15a	*ha=m·mal[li]ʾīm bāt⊕ē=him kasp*
	Ij 3,20a	*la-m⊕ah yittin l·=ʿamil ʾōr*
	Ij 3,20b	*w·=ḥayyīm l·=mar[r]ē napš*
2SG!	Ij 3,21a	*ha=m·ḥakkīm l·=[h]a=mawt*
	Ij 3,21b	*w·=ʾēn-an=[h]u(w)*
	Ij 3,21c	*wa=yi̇ḥpu̇rū*=hu(w) mim=maṭmōnīm*
3KF!	Ij 3,22a	*ha=śȧmiḥīm ʾi̇l-ē gīl*
	Ij 3,22b	*yaśīśū*
	Ij 3,22c	*kī yimṣȧʾū qabr*
	Ij 5,8a	*ʾūlam ʾȧnī ʾidruš ʾil ʾil*
	Ij 5,8b	*w·=ʾil ʾi̇lō*hīm ʾaśīm dibrat=ī*
	Ij 5,9a	*ʿō*śā gȧdulōt*
	Ij 5,9b	*w·=ʾēn ḥiqr*
	Ij 5,9a	*niplaʾōt ʿad ʾēn mispar*
3KF	Ij 5,10a	*ha=nō*tin maṭar ʿal pȧnē ʾarṣ*
	Ij 5,10b	*w·=šō*liḥ maym ʿal pȧnē ḥūṣōt*
	Ij 6,15a	*ʾaḥ⊕-ay=[y] bagȧdū k·-mō nahl k·=ʾȧpīq nȧḥalīm*
	Ij 6,15aR	*yi̇ʿbu̇rū*
3KF!	Ij 6,16a	*ha=qō*di̇rīm min⊕-ī qarḥ*
	Ij 6,16b	*ʿal-ē=mō yitʿallim šalg*

	Ij 9,2cP	*w˙=mah yiṣdaq ʾunōš ʿim[m] ʾil*
	...	...
	Ij 9,4aP	*ḥakam libab w˙=ʾammīṣ kuḥ[ḥ]*
	Ij 9,4a	*mī hiqšā ʾil-a(y)=w*
	Ij 9,4b	*wa=yišlam*
3SG!	Ij 9,5a	*ha=maʿtīq har[r]īm*
	Ij 9,5b	*w˙=lō(ʾ) yadaʿū*
	Ij 9,5c	*ʾašr hapak-a=m b˙=ʾapp=ō*
3SG!	Ij 9,6a	*ha=margīz ʾarṣ mim=maqōm-a=h*
	Ij 9,6b	*w˙=ʿammūdē=ha yitpallaṣū-n*
3SG!	Ij 9,7a	*ha=ʾō*mir l˙=[h]a=ḥars*
	Ij 9,7b	*w˙=lō(ʾ) yizraḥ*
	Ij 9,7c	*w˙=baʿd kōkabīm yiḥtum*
	Ij 9,8a	*nō*ṭā šamaym l˙=badd=ō*
	Ij 9,8b	*w˙=dōrik ʿal bumutē yam[m]*
	Ij 9,9	*ʿō*śā ʿāš k˙sīl w˙=kīmā w˙=ḥadarē tē*man*
	Ij 9,10	*ʿō*śā gadulōt ʿad ʾēn ḥiqr w˙=niplaʾōt ʿad ʾēn mispar*
	Ij 22,15a	*ha=ʾurḥ ʿōlam tišmur*
	Ij 22,15aR	*ʾašr darakū mutē ʾawn*
	Ij 22,16vR	*ʾašr qummaṭū*
	Ij 22,16a	*w˙=lō(ʾ) ʿi[t]t*
	Ij 22,16b	*nahar yūṣaq y˙sōd-a=m*
4SY	Ij 22,17a	*ha=ʾō*mirīm l˙=[h]a=ʾil*
	Ij 22,17b	*sūr mim-min=nū*
	Ij 30,1a	*w˙=ʿitt-a(h) śaḥaqū ʿal-ay=[y] ṣaʿīrīm mim-min⊕=ī l˙=yamīm*
	Ij 30,1aR	*ʾašr maʾastī ʾabōt-a=m*
	Ij 30,1aRI	*la=šīt ʿim[m] kalabē ṣō(ʾ)n=ī*
	Ij 30,2aP	*gam kuḥ[ḥ] yadē=him*
	Ij 30,2a	*la-m⊕a(h) l=ī*
	Ij 30,2b	*ʿal-ē=mō ʾabad kalḥ*
4KF	Ij 30,3a	*ha=ʿō*riqīm ṣī*y⊕ā ʾamš šōʾā w˙=mašō*ʾā*
4ES	Ij 30,4a	*ha=qō*ṭipīm mallūḥ ʿal-ē śīḥ*
	Ij 30,4b	*w˙=šurš rutamīm*
	Ij 30,4bI	*l˙=ḥ[um]m-a=m*
	Ij 41,25a	*ʾēn ʿal ʿapar mušl=ō*
5	Ij 41,25b	*ha=ʿaśū l˙=baly ḥat[t]*
	Spr 2,11a	*mazimmā tišmur ʿal-ē=ka*
	Spr 2,11b	*tabūnā tinṣur-ak=ka(h)*
	Spr 2,12vI	*l˙=haṣṣīl=ka mid=dark raʿ[ʿ] mi[n]=ʾīš m˙dabbir tahpū*kōt*
2IN	Spr 2,13a	*ha=ʿō*zibīm ʾuraḥōt yušr*

	Spr 2,13aI	la=likt b˙=darakē ḥušk
4IN	Spr 2,14a	ha=śamiḥīm
	Spr 2,14aI	l˙=ʿśōt raʿ[ʿ]
	Spr 2,16vI	l˙=haṣṣīl=ka mi[n]=ʾiššā zārā min=nukrī*y⊕ā
	Spr 2,16vIR	ʾimarē=ha hiḥlīqā
4KF!	Spr 2,17a	ha=ʿō*zibt ʾallūp naʿūrē=ha
	Spr 2,17b	w˙=ʾat b˙rīt ʾilō*hē=ha šakiḥā
	Spr 9,14	w˙=yašabā l˙=patḥ bēt-a=h ʿal kissē(ʾ) marō*mē qart
	Spr 9,15vI	l˙=qrō(ʾ) l˙=ʿō*birē dark
2	Spr 9,15a	ha=m˙yašširīm ʾuraḥōt-a=m
	Spr 26,18a	k˙=mitlahlih
2	Spr 26,18b	ha=yō*rā̈ ziqqīm ḥiṣṣīm wa=mawt
	Spr 26,19a	kin ʾīš
	Spr 26,19aR1	rimmā ʾat riʿ-i=hu(w)
	Spr 26,19aR2	w˙=ʾamar
	Spr 26,19b	ha=lō(ʾ) m˙śaḥ[h]iq ʾanī
	Hl 2,16a	dōd=ī l=ī
	Hl 2,16b	w˙=ʾanī l=ō
3	Hl 2,16c	ha=rō*ʿā̈ b˙=[h]a=šōšan⊕īm
	Est 1,14a	w˙=ha=qarub ʾil-a(y)=w KRŠNʾ ŠTR ʾDMTʾ TRŠYŠ MRS MRSNʾ MMWKN šabʿat śar[r]ē PRS w˙=MDY
	Est 1,14b	rō*ʾē panē ha=malk
1	Est 1,14c	ha=yō*šibīm rī(ʾ)šō*n-a(h) b˙=[h]a=malkūt
	1Chr 11,10a	w˙=ʾil⊕ā̈ rā(ʾ)šē ha=gibbōrīm
	1Chr 11,10aR	ʾašr l˙=DWYD
3IN	1Chr 11,10b	ha=mitḥazziqīm ʿimm=ō b˙=malkūt=ō ʿim[m] kul[l] YŚRʾL
	1Chr 11,10bI	l˙=hamlīk=ō k˙=dabar YHWH ʿal YŚRʾL
	2Chr 9,7a	ʾašrē ʾanašē=ka
	2Chr 9,7b	w˙=ʾašrē ʿabadē=ka ʾil⊕ā̈
1ES	2Chr 9,7c	ha=ʿō*midīm l˙=panē=ka tamīd
	2Chr 9,7d	w˙=šō*miʿīm ʾat ḥukmat-i=ka
	Sir 14,20a(A)	ʾašrē ʾunōš
	Sir 14,20aR1(A)	b˙=ḥukmā yihgā̈
	Sir 14,20aR2(A)	w˙=b˙=tabūnā yišʿā̈
4IN!	Sir 14,21a(A)	ha=śām ʿal darakē=ha libb=ō
	Sir 14,22vI(A)	l˙=ṣē(ʾ)t ʾaḥ⊕arē=ha b˙=ḥiqr

	Sir 14,22a(A)	*w˙=kul[l] mȧbō'ē=ha y˙raṣṣid*
4KF!	Sir 14,23a(A)	*ha=mašqīp ba'd (ha=)ḥallōn-a=h*
	Sir 14,23b(A)	*w˙='al pȧtaḥē=ha y˙ṣōtit*
4KF!	Sir 14,24a(A)	*ha=ḥōnā̄ sȧbībōt bēt-a=h*
	Sir 14,24b(A)	*w˙=hibī(') yȧtar-a(y)=w b˙=qīr-a=h*
	Sir 36,31a(B)	*mī ya'mīn b˙=g˙dūd ṣabā(')*
2	Sir 36,31b(B)	*ha=m˙dallig mi[n]='īr 'il 'īr*
	Sir 36,31c(B)	*kin 'īš*
	Sir 36,31cR(B)	*'ȧšr lō(') qin[n]*
4SG	Sir 36,31d(B)	*ha=margī'*
	Sir 36,31e(B)	*k˙='ȧšr yi'rab*
	(C) und (D):	prallel, mit Ausnahme des RS (*'ēn l=ō* statt *lō(')*)
	Sir 44,3a(B)	*dōrē 'arṣ b˙=malkūt-a=m*
	Sir 44,3b(B)	*w˙='anȧšē šim b˙=gȧbūrat-a=m*
4ES	Sir 44,3c(B)	*ha=yō'iṣīm b˙=tȧbūnat-a=m*
	Sir 44,3d(B)	*w˙=ḥōzē kul[l] b˙=nȧbū'at-a=m*
	Sir 47,18a(B)	*niqrē(')ta b˙=šim ha=nikbad*
1	Sir 47,18b(B)	*ha=niqrā(') 'al YŚR'L*
	Sir 47,18c(B)	*wa=tiṣbur k˙=barzil[l] zahab*
	Sir 47,18d(B)	*w˙=k˙='upart hirbīta kasp*
	Sir 48,4a(B)	*mah nōrā(') 'attā*
	Sir 48,4aV(B)	*'LYHW*
	Sir 48,4b(B)	*w˙='ȧšr ka-[mō]=ka*
	Sir 48,4c(B)	*yitpa'[']ir*
3ES	Sir 48,5(B)	*ha=miqīm gō*wi' mim=mawt*
	Sir 48,5(B)	*w˙=miš=š˙'ōl k˙=rȧṣōn YYY*
3ES!	Sir 48,6a(B)	*ha=mōrīd mȧlakīm 'al šaḥt*
	Sir 48,6b(B)	*w˙=nikbadīm mim=miṭṭōt-a=m*
	Sir 48,7a(B)	*w˙=hišmī' b˙=SYNY tōkaḥōt*
	Sir 48,7b(B)	*w˙=b˙=ḤWRB mišpȧṭē naqam*
3KF!	Sir 48,8a(B)	*ha=mōšiḥ mȧlē(') tašlūmōt*
	Sir 48,8b(B)	*w˙=nabī(') taḥlīp taḥtē=ka*
3KF	Sir 48,9a(B)	*ha=nilqaḥ b˙=sȧ'arā ma'l-a-h w˙=b˙=g˙dūdē 'iš...*
3IN	Sir 48,10a(B)	*ha=katūb nakōn l˙=[h]a='i[t]t*
	Sir 48,10aI1(B)	*l˙=ħašbīt 'a[p]p l˙=pȧn[ē] ...*
	Sir 48,10aI2(B)	*l˙=hašīb lib[b] 'abōt 'al banīm*
	Sir 48,10aI3(B)	*w˙=l˙=hakīn ...*
	Sir 49,12a(B)	*wa=yarīmū hēkal qudš*
2	Sir 49,12b(B)	*ha=m˙kōnan l˙=kȧbōd 'ōlam*

	Sir	49,13aP(B)	*NḤMYH*
	Sir	49,13a(B)	*yi[ʾ]ʾadir zikr=ō*
3KF!	Sir	49,13b(B)	*ha=miqīm ʾat ḥurabō*t-ē=nū*
	Sir	49,13b(B)	*wa=yˑrappē(ʾ) ʾat harīsō*t-ē=nū*
	Sir	49,13c(B)	*wa=yaṣṣib dalataym wˑ=bˑrīḥ*
	Sir	50,1a(B)	*gadu(w)l ʾaḥ⊕-a(y)=w wˑ=tipʾart ʿamm=ō ŠMʿWN bin YWḤNN ha=kō*hin*
	...		...
	Sir	50,3vR(B)	*ʾašr bˑ=dōr=ō nikrā miqwā̈*
	Sir	50,3vR(B)	*ʾašīḥ b-a=m bˑ=hamōn=ō*
3ES	Sir	50,4a(B)	*ha=dōʾig lˑ=ʿamm=ō mi[n]=ḥatp*
	Sir	50,4b(B)	*wˑ=mˑḥazziq ʿīr=ō miṣ=ṣar[r]*
	Sir	50,22a(B)	*ʿitt-a(h) bar[r]ikū nā(ʾ) ʾat YYY ʾilō*hē YŚRʾL*
1IN	Sir	50,22b(B)	*ha=maplī*(ʾ)*
	Sir	50,22bI(B)	*lˑ=ʿśōt bˑ=[h]a=ʾarṣ*
3KF!	Sir	50,22c(B)	*ha=mˑgaddil ʾadam mi[n]=raḥm*
	Sir	50,22d(B)	*wa=yiʿś-i=hu(w) kˑ=raṣōn=ō*
	Sir	51,8a(B)	*wa=ʾizkur-a(h) ʾat raḥmē YYY wˑ=ḥasad-a(y)=w*
	Sir	51,8aR(B)	*ʾašr mi[n]=ʿōlam*
3KF!	Sir	51,8b(B)	*ha=maṣṣīl ʾat ḥōsē b=ō*
	Sir	51,8c(B)	*wa=yigʾal-i=m mik=kul[l] raʿ[ʿ]*

3 Austauschbarkeit des Partizips mit Verbaladjektiv und Adjektiv

Die Übersicht zeigt, daß auch Verbaladjektive[8] und sogar Adjektive an die Stelle von Partizipien treten können. Sprachstruktural kann dieser Befund insofern nicht überraschen, als beide Wortarten Valenzen aufweisen: das Verbaladjektiv entsprechend dem Satzbauplan des zugrundeliegenden Aktionsverbs[9], das Adjektiv entsprechend dem zugehörigen Zustandsverb.

Diese Valenz von VAdj und Adj zeigt sich auch in der AttV, u.z. bei morphosyntaktisch komplexen Strukturen, die als Verbindung aus Bezugswort/Bezugs-NG und AnnV bestehen. Als Beispiel sei folgende Analyse zu 1Kön 2,22e durch das Expertensystem AMOS[10] angeführt:

(AttV (DetV (PronV (Sub *'aḥī*) (ePP *[y]*)))
(AnnV (DetV (AtkV (Atk *ha*) (Adj *gadu(w)l*)))))
(PV (Praep *mim-min*⊕) (Pron (ePP *ī*))

Tiefenstruktural entspricht die Beziehung zwischen Adj und PV derjenigen eines ZV und einem 10. Sy in einem VS I.4 (P-ZV + 1. Sy + 10. Sy)[11]. Theoretisch ist auch 7. und 9. Sy beim Adj vorstellbar[12], beim VAdj alle für das AV belegten Sy. Tatsächlich dürfte nur ein geringer Teil in der AttV realisiert sein[13]. Die Differenz zwischen der Häufigkeit

---

[8] Der Terminus wird im Sinne RICHTERs, (1978) 94, verwendet, also nicht für das Partizip, sondern für vom Aktionsverb abgeleitete Adjektive des Typs *qatil* (bei Verba II ū/ī entsprechend *qēl*), die besonders bei bestimmten Verbklassen, wie Ergehensverben, Verben der Fülle und des Mangels, Verben des geistig-emotionalen Bereichs, auftreten. Vgl. die Liste bei RECHENMACHER, (1994) 184 (zu *qēl*) und 185-186 (zu *qatil*).

[9] Evtl. auch der entsprechenden Passivtransformation, etwa bei Lexemen wie *ḥarib*.

[10] AMOS steht für **A MO**rphosyntactical Expert System und wurde für den Lehrstuhl für Hebraistik an der LMU München in Zusammenarbeit mit dem Institut für Informatik der TU München von G. SPECHT entwickelt, vgl. SPECHT, (1990).

[11] Klassifizierung der Nominalsätze nach RICHTER, (1980) 75 und 78f, der Verbalsätze nach RICHTER, (1993), unveröffentlichtes Arbeitspapier, basierend auf RICHTER, (1980) 94.

[12] Nicht aber das 8. Sy: das Bezugswort in der AttV entspricht ja dem 1. Sy, das nicht zusammen mit dem 8. gegeben sein kann.

[13] Vgl. z.B. noch zum 10. Sy in Lev 21,10a (*ha=kō*hin ha=gadu(w)l mi[n]='aḥ*⊕*-a(y)=w*); 2Sam 13,16b (*ha=ra'['ā ha=gadu(w)lā ha=zō(')t mi[n]='aḥ*⊕*irt*); ferner Fügungen wie Lev 25,25c;

von merkmalhaften Syntagmen innerhalb von AttV mit Ptz vs. AttV mit Adj ist nicht nur quantitativer Natur. Die viel geringere Zahl beim Adj erklärt sich vielmehr aus dem grundlegenden Satzbauplan P + 1. Sy (ohne weitere Syntagmen). Auch zum VAdj besteht ein grundsätzlicher und nicht nur gradueller Unterschied. Hauptgruppe der zugrundeliegenden Verben sind Ergehensverben, die wie ZV kein merkmalhaftes Sy haben. Nur Verben des geistig-seelischen Bereichs, v.a Affektverben (mit 2./4. Sy) und Verben des Mangels bzw. der Fülle (mit 2./4. Sy) haben regelhaft merkmalhaftes Sy.

Entsprechend diesen Strukturen zeigt sich der Befund: An VAdj finden sich mit 4. Sy *śamiḥ*, mit 2. Sy *šakiḥ* und mit zwei 2. Sy *mali'*[14], an Adj nur *niḥmad* (< Ptz) und *matuq*, die parallel mit 10. Sy auftreten (Ps 19,11a-b), ferner *'atīd* mit dem 7. Sy (Ij 3,8b)[15].

In diesem Zusammenhang muß das Auftreten von fakultativen Syntagmen mit bedacht werden. Auch bei Valenzverhältnissen nach Satzbauplan I und II kann es zu syntagmatischen Erweiterungen kommen. Für die AttS-Belege mit Adj/VAdj ist dies nicht belegt, wohl aber für Gp- und N-Ptz, die einer Valenz P + 1. Sy entsprechen, z.B. C der Zeit in Jes 46,3b-c oder C des Ortes in Jes 57,5a.

(*ha='ārīm ha=rāḥuqō*t mim-m[ik]=ka*); Dt 21,3bP; Dt 28,54aP; Jos 14,15b (*ha='adam ha=gadu(w)l b'=[h]a='NQ-īm*); Ri 1,13a; u.s.w.

14 *śamiḥ*: Am 6,13a; Ij 3,22a; Spr 2,14a (statt 4. Sy steht hier 7. Sy!); *šakiḥ*: Jes 65,11a; *mali'*: Jes 51,20c.

15 LAMBERT, (1898) 204, verweist für den Gebrauch des Artikels in Poesie vor einem Ptz (im Sinne des AttS) auf die Austauschbarkeit von Ptz durch Adj und notiert auch Ij 3,8b. Die übrigen Belege, die er aufführt, bleiben aber im Rahmen der Wortgruppe und zeigen keine Hinweise auf satzhaften Charakter.

4 Fragen der Determination

4.1 Anschluß an eine indeterminierte Nominalgruppe

Mit den Ziffern 2 und 4 sind AttS gekennzeichnet, deren Bezugswort bzw. Bezugsnominalgruppe indeterminiert ist. Diese Fügungen weisen durch Disgruenz in der Determination darauf hin, daß keine Attributsverbindung vorliegt. Zwar sind Fälle mit Bezug eines Adjektivs oder eines adjektivierten Partizips auf eine indeterminierte Nominalgruppe belegt, sie lassen sich jedoch auf folgende Gruppen beschränken:

1. Adjektivisch fungierende Ordinalzahl nach *yōm*: z.B. Gen 1,31e *yōm ha=šiššī*[16].

2. Bestimmte Ortsbenennungen, die vielleicht schon in Richtung Eigenname tendieren, v.a. mit *ḥaṣir* und *ša'r*: z.B. 1Kön 7,12a *w'=ḥaṣir ha=gadu(w)lā sabīb šalō*šā ṭūrīm gazīt*; und 2Chr 23,20c *wa=yabō*'ū b'=tōk ša'r ha='ilyōn bēt ha=malk*[17].

3. Fügungen mit *kul[l]* oder anderen Quantoren als nomen regens in einer CsV: z.B. Gen 1,21a *wa=yibrā(') 'ilō*hīm ... w'='at kul[l] napš ha=ḥayyā ha=rō*miśt*[18]. Daß *kul[l]* determinierend wirken kann, überrascht nicht so sehr, da ja die Gesamtheit einer Menge in gewissem Sinn durch die Gesamtheitsangabe bestimmt wird. Einen syntaktischen Hinweis auf den determinierenden Charakter von *kul[l]* bieten Belege wie 2Sam 6,1[19], in denen die Verwendung der nota objecti auffällt. Einziger Beleg mit *m'aṭ*: 1Sam 14,29e *kī ṭa'amtī m'aṭ dibš ha=zā*. Ob *m'aṭ* hier tatsächlich wie *kul[l]* determinierend wirkt[20], ist fraglich. Denkbar wäre auch eine nach-

---

[16] Desgleichen Gen 2,3a; Ex 12,15c; Ex 12,18; Ex 20,10a; Lev 19,6b; Lev 22,27c; Dt 5,14c. Einmal auch nach *ḥudš*: Esr 10,9b *hū(') ḥudš ha=tašī'ī b'='aśrīm b'=[h]a=ḥudš* .

[17] Weitere Belege zu *ḥaṣir*: 1Kön 7,8a; Ez 40,28a; Ez 40,31a; Ez 47,16v; zu *ša'r*: Ez 9,2a; Sach 14,10c. Mit anderen Ortssubstantiven in diesem Sinne: 1Sam 19,22b *wa=yabō*(') 'ad bō[']r ha=gadu(w)l*; Jer 38,14b *wa=yiqqaḥ 'at YRMYHW ha=nabī(') 'il-a(y)=w 'il mabō(') ha=šalīšī*.

[18] Desgleichen Gen 1,28g; Gen 9,10v; Gen 9,12bR; Lev 11,10aP.

[19] *wa=yō*[']sip 'ōd DWD 'at kul[l] baḥūr b'=YŚR'L šalō*šīm 'alp*. KÖ III, §228e, sammelt diese Stellen.

[20] So z.B. G-K, §126x.

getragene Näherbestimmung adnominaler Art, so daß *m'aṭ dibš ha=zā̈* wie *giba'ōt ha=gabuhōt* in Jer 38,14b (vgl. dazu die Besprechung unter 6.) nicht eine Wortgruppe, sondern zwei Wortgruppen darstellt. Auch Zahlwörter scheinen im Einzelfall determinierend wirken zu können: Num 11,25d *wa=yittin 'al šab'īm 'īš ha=zaqinīm*. Die Inhaltsseite unterstützt eine solche Deutung (Es handelt sich nicht um 70 beliebige Männer). Mit Numeral *šab'* vgl. Gen 21,29b *mah hinna(h) šab' kabaśō*t ha='il⊕ā̈*; mit *'aśarā* 1Sam 17,17b *qaḥ nā(') l'='aḥ⊕ē=ka 'ēpat ha=qalī(') ha=zā̈ w'='aśarā laḥm ha=zā̈* (desgleichen Gen 41,26aP).

4. Textkritisch problematische Stellen: In zwei Belegen fehlt der Artikel bei *har[r]*. Es darf Haplographie angenommen werden[21], ebenso in Dt 2,23a, wo *KPTR-īm ha=yō*ṣi'īm* ... auf (aP) ... *'ad 'Z-ā* folgt. Dittographie ist wohl Ursache für ungrammatische Artikelsetzung in Jer 6,20a *w'=qanā̈ ha=ṭōb mi[n]='arṣ marḥaq*. Drei Stellen lassen Textfehler durch Nachahmung einer vorausgehenden ähnlichen Wortgruppe vermuten[22]. Fehlerhafter Text schließlich darf in 1Sam 6,18a[23], 2Kön 20,13b[24] und 2Chr 25,23c[25] angenommen werden. Auch in Ez 21,19e dürfte der masoretische Text *ḥarb ḥalal ha=gadu(w)l ha=ḥō*dirt la=him* korrupt sein. Nachdem Adj und Ptz im Genus differieren, müßte man ersteres auf *ḥalal* beziehen, das kaum Ansatzpunkte für eine Erklärung der Disgruenz in der Determination bietet. Wahrscheinlich ist mit BHS eine Konjektur vorzunehmen: *ḥarb ḥalalīm gadu(w)lā ḥō*dirt la=him*.

Drei Textstellen haben vor dem indeterminierten Substantiv Präposition *b'=* oder *l'=*. Hier stellt sich das Problem des fehlenden Artikels nur auf der Ebene der Punktation[26]. Nachdem fehlender Artikel beim Substantiv

---

[21] Ps 104,18a *har[r]īm ha=gabuhīm l'=[h]a=ya'ilīm*; Sach 4,7aV *har[r] ha=gadu(w)l*.

[22] Lev 24,10c *wa=yinnaṣū b'=[h]a=maḥnā̈ bin ha=YŚR'L-īt w'='īš ha =YŚR'L-ī*; Ri 6,25c *qaḥ 'at par[r] ha=šōr* (cR) *'ašr l'='abī=ka* (c) *w'=par[r] ha=šinī šab' šanīm*; Jer 32,14b *laqōḥ 'at ha=siparīm ha='il⊕ā̈ 'at sipr ha=miqnā ha=zā̈ w'='at ha=ḥatūm w'='at sipr ha=galūy ha=zā̈*.

[23] ... *mi[n]='īr mibṣar w'='ad kupr ha=p'razī w'='ad 'abil ha=gadu(w)lā*; vgl. LXX.

[24] *wa=yar'-i=m* ... *w'='at šamn ha=ṭōb w'='at bēt kil-a(y)=w w'='at kul[l]*. Jes 39,2 hat ... *w'='at ha=šamn ha=ṭōb*.

[25] *wa=yipruṣ b'=ḥōmat YRWŠLM miš=ša'r 'PRYM 'ad ša'r ha=pōnā̈ 'arba' mi'ōt 'ammā* im Unterschied zu ... *'ad ša'r ha=pinnā* ... in 2Kön 14,13c.

[26] Die Stellen mit den jeweiligen PV: 1Sam 12,23b *b'=dark ha=ṭōbā w'=ha=yašarā*; 2Sam 12,4a

vor determiniertem Attribut späterer Sprache eigen ist, wäre das Vorgehen der Masoreten nicht unverständlich[27].
5. Zwei schwierige Belege: Nicht unter den bisher besprochenen Gruppen einordnen lassen sich: Jer 17,2vI *k˙=zkur bānē=him mizbiḥōt-a=m w˙=ʾăširē=him ʿal ʿiṣ raʿnan ʿal gibaʿōt ha=gābuhōt*. Es ist keine bestimmte Ortsbezeichnung gegeben. Vielleicht liegt hier tatsächlich vor, was G-K[28] generell als Erklärung für determiniertes Attribut bei indeterminiertem Substantiv vorschlagen: Einem noch unbestimmt gelassenen Substantiv wird das Attribut als nachträgliche Näherbestimmung beigefügt. Gerade in Jer 17,2vI könnte die eigentümliche Folge *gibaʿōt* mit *gābuhōt* lautliche Ursache für die Fügung mit determiniertem Adnominale sein. Mich 7,11b *yōm ha=hū(ʾ) yirḥaq ḥuq[q]* ist entweder auf gleiche Weise gebildet oder erklärbar als Analogiebildung zu den Fügungen mit *yōm* plus adjektivische Ordinalzahl.

Als Belege werden in den Grammatiken darüber hinaus Wortverbindungen angegeben, die keine AttV sind. Nicht AttV, sondern CsV liegt z.B. vor bei *kō*hin ha=rō(ʾ)š*[29]. Andere Fügungen erweisen sich als NS I.2 mit funktionaler Disgruenz der Determination zwischen 1. Sy und P[30].

Es ergibt sich rückblickend, daß die Disgruenz in der Determination innerhalb einer AttV des Typs NG-idet + Atk + Adj auf ganz bestimmte Fügungen beschränkt ist. Es sind dies adjektivische Ordinalzahlen nach *yōm* und ganz bestimmte Ortsangaben. Was unter 3. aufgeführt wurde,

---

l˙=ʾīš ha=ʿašīr; Neh 9,35a *w˙=b˙=ʾarṣ ha=rāḥabā w˙=ha=šāminā*.

27 G-K, §126x, verweisen auf den rabbinischen Terminus *knst h=gdwlh*. Vgl. auch RIDZEWSKI, (1990) 62, mit Belegen aus den ältesten Handschriften und Inschriften des Neuhebräischen sowie SEGAL, (1927) 163, mit Belegen aus der Mischna.

28 G-K, §126w.

29 2Kön 25,18 par. Jer 52,24; 2Chr 19,11a; 2Chr 24,11b; 2Chr 26,20a. Vgl. auch *rūḥ ha=raʿ[ʿ]ā* in 1Sam 16,23f und *b˙=taʿr ha=śākīrā* mit Adjektiven, die sekundär substantivisch fungieren. Dazu KÖ III, §244f. CsV mit EN und nicht AttV mit Adj ist in 1Kön 1,9a belegt: *wa=yizbaḥ ʾDNYHW ṣō(ʾ)n w˙=baqar w˙=m˙rī(ʾ) ʿim[m] ʾabn ha=ZḤLT*.

30 Das gilt für Gen 41,26a *šabʿ šanīm hinna(h)*; Dt 2,23a *ʾărūrīm ha=šō*gīm mim=miṣwō*t-ē=ka*. In 1Kön 1,9a *w˙=DWD bin ʾīš ʾPRT-ī* mit 9b *ha=zā mib=BYT LḤM YHWDH* erübrigt sich das Problem durch die Satzgrenze, wie sie BH^t zieht.

entspricht ja nach der Tiefenstruktur bereits nicht mehr dem Muster eines determinierten Attributs zu einer indeterminierten Nominalgruppe.

Bisher noch nicht berücksichtigt sind von den Grammatiken aufgeführte Stellen mit partizipialem Attribut:

(1)	Gen 1,28g	*w'=rdū b'=dagat ha=yam[m] w'=b'=ʿōp ha=šamaym*
		*w'=b'=kul[l] ḥayyā ha=rō*miś t ʿal ha=ʾarṣ*
(2)	Gen 7,21	*wa=yigwaʿ kul[l] baśar ha=rō*miś ʿal ha=ʾarṣ b'=[h]a=ʿōp*
		w'=b'=[h]a=bahimā w'=b'=[h]a=ḥayyā
		*w'=b'=kul[l] ha=šarṣ ha=šō*riṣ ʿal ha=ʾarṣ w'=kul[l] ha=ʾadam*
(3)	Ex 26,12aP	*w'=sarḥ ha=ʿō*dip b'=yarīʿō*t ha=ʾuhl*
		(a) *ḥiṣy ha=yarīʿā ha=ʿō*dipt tisraḥ ʿal ʾaḥō*rē ha=miškan*
(4)	Num 28,6	*ʿō*lat tamīd ha=ʿaśū*yā b'=har[r] SYNY*
		*l'=rēḥ nīḥō*ḥ ʾiš⊕ā l'=YHWH*
(5)	Ri 21,19b	*ʾašr miṣ=ṣapōn-a-h l'=BYT ʾL mizraḥ-a-h ha=šamš l'=masillā*
		*ha=ʿō*lā mib=BYT ʾL ŠKM-a-h w'=min=nagb l'=LBWNH*
(6)	Jer 25,38b	*kī hayatā ʾarṣ-a=m l'=šammā*
		mip=panē ḥarōn ha=yōnā w'=mip=panē ḥarōn ʾapp=ō
(7)	Jer 46,16e	*w'=našū*b-a(h) ʾil ʿamm-i=nū*
		w'=ʾil ʾarṣ mōladt-i=nū mip=panē ḥarb ha=yōnā
(8)	Jer 50,16b	*mip=panē ḥarb ha=yōnā ʾīš ʾil ʿamm=ō yipnū*
(9)	Ez 2,3b	*šōliḥ ʾanī ʾōt=ka ʾil banē YŚRʾL*
		*ʾil gōyī*m ha=mōridīm*
(10)	Ez 14,22a	*w'=hinni(h) nōtarā b-a=h paliṭā ha=mūṣaʾīm banīm w'=banōt*
(11)	Ez 28,14aP	*ʾatt k'rūb mimšaḥ ha=sōkik*
(12)	Ez 28,16d	*wa=[ʾ']ʾabbid=ka k'rūb ha=sō*kik mit=tōk ʾabanē ʾiš*
(13)	Sach 11,2e	*kī yarad yaʿr ha=baṣūr*
(14)	Ps 62,4a	*k'=qīr naṭūy gadir ha=daḥūyā*

Ein Teil der Belege läßt sich den oben aufgeführten Gruppen zuordnen: (1) und (2) haben *kul[l]*, in (4) ist *ʿō*lat tamīd* als terminus technicus vielleicht schon determiniert, gleiches könnte für (3) gelten, wobei allerdings das unmittelbar folgende *ha=yarīʿā ha=ʿō*dipt* diese Annahme nicht stützt. Auch (11) und (12) mit *k'rūb ha=sō*kik* bzw. *k'rūb mimšaḥ ha=sōkik* sind als termini technici zu verstehen.

(5) gehört zur Gruppe der möglicherweise nur masoretisch problematischen Stellen, die oben unter Punkt 4 besprochen wurden. *ḥarōn ha=yōnā* bzw. *ḥarb ha=yōnā* in (6), (7) und (8) könnten CsV sein, wobei

das feminine Partizip als Abstrakt-Substantiv fungiert[31].

Zu dem unter Punkt 5 besprochenen *gib̊a'ōt ha=gåbuhōt* läßt sich (13) *ya'r ha=baṣūr* und (14) *gadir ha=dåḥūyā* stellen, mit aktivem Partizip (9) *gōyī*m ha=mōrid̊īm*. Schwieriger Text liegt in (10) vor, sinnvoll wäre nur aktives Partizip, wie LXX es liest. Nach entsprechender Konjektur wäre dann AttS anzusetzen.

Aus der Belegsammlung der AttS sind hier alle durch Ziffer 2 (Kontaktstellung zu NG-idet) allein gekennzeichneten Stellen[32] zu vergleichen. Sie zeigen wie die gerade besprochenen Belege keine Einbettung in Satzformen oder Reihen. Als einziges Kriterium gegen AttV bzw. für AttS kommt Disgruenz in der Determination in Frage. Ps 97,7b ist bezüglich seiner Indetermination insofern problematisch, als *kul[l]* steht. Gemeint ist jedoch nicht die bestimmte Gesamtheit. Die CsV *kul[l] 'ō*bid̊ē pasl* muß also als indeterminiert gelten. In Ps 119,1b weist außer der Indetermination der Bezugs-NG der Anschluß an den Makarismus 1a auf AttS. Häufiger sind solche Belege, die nach der Ziffer 2 eine Markierung der satzsyntaktischen Bezüge zeigen. Ihre Abgrenzung als AttS kann sich auf das zusätzliche Kriterium des syntaktischen Eigengewichts stützen.

Zusammenfassend gilt für das Phänomen der Folge Sub-idet/NG-idet + Ptz-det: Die Belege der Fügung Sub-idet/NG-idet + Atk + Adj bestätigen durchaus die allgemeine Regel, daß das Attribut zu einem indeterminierten Substantiv nicht determiniert sein kann, auch wenn sie von den Grammatiken als von dieser Regel abweichende Belege aufgeführt werden. Sie sind entweder textkritisch anfechtbar oder es handelt sich um ganz bestimmte Termini bzw. anderweitig verursachte Determination, oder es liegt überhaupt keine AttV vor. Das bedeutet, daß die zahlreichen Belege für die Fügung Atk + Ptz + x mit Bezug auf eine indeterminierte

---

[31] Das erwägt KÖ III, §243h, mit Verweis auf weitere Beispiele dieser Art, u.a. auch *gōlā*, primär Ptz/fsa/, sekundär, u.z. statistisch überwiegend, Abstrakt-Substantiv. (6) macht CsV überdies kontextstruktural höchstwahrscheinlich durch syndetisch gleichwertig angeschlossenes *w=mip=pånē ḥårōn 'app=ō*, das nur CsV sein kann.

[32] Gen 49,21b; 1Sam 25,10e; Jer 27,3b; Nah 3,17c; Ps 31,19b; Ps 97,7b; Ps 119,1b; Spr 9,15a; Spr 26,18b; Sir 36,31b(B); Sir 49,12b(B).

NG nicht als AttV gelten können, und ist ein erster Hinweis auf den AttS. Die Funktion des ihn einleitenden *ha=* ist nicht die Herstellung der Kongruenz in der Determination, sondern die Verweisanzeige zum Bezugswort, vorläufig vergleichbar derjenigen des Relativpronomens[33].

4.2 Fügung des Partizips mit Artikel und zugleich ePP

Entgegen der morphologischen Regel, daß ein Nomen nicht zugleich den Artikel und das ePP haben kann[34], finden sich unter den AttS mehrere Belege dieser Art: Dt 8,14b.15a.16a; Dt 20,1e; 2Sam 1,24b; Ps 103,4b. Ein Rückschluß auf die Funktion des Artikels im AttS, auf ein Bezugswort zu verweisen, und nicht zu determinieren, läßt sich daraus allerdings nicht ableiten. Das ePP steht in diesen Fällen nicht an der Stelle eines nomen rectum (zumindest nicht tiefenstruktural), sondern es vertritt ein von der Verbvalenz gefordertes obligatorisches Syntagma. Das zeigen auch Sätze, in denen kein AttS vorliegt und dennoch die Fügung Atk + Ptz + ePP auftritt.

(1)	Dt 13,6b	_kī dibbir sar[r]ā ʿal YHWH ʾilō*hē=kim_ _ha=mōṣī(ʾ) ʾat=kim mi[n]=ʾarṣ MṢR-aym_ _w˙=ha=pō*d=ka mib=bēt ʿabadīm_
(2)	Dt 13,11cI	_l˙=haddīḥ=ka mi[n]=ʿal YHWH ʾilō*hē=ka_ _ha=mōṣīʾ=ka mi[n]=ʾarṣ MṢR-aym mib=bēt ʿabadīm_
(3)	Jes 9,12a	_w˙=ha=ʿam[m] lō(ʾ) šāb ʿad ha=makk-i=hu(w)_
(4)	Jes 63,11b	_ʾayyē(h) ha=maʿl-i=m miy=yam[m] ʾat rō*ʿē ṣō(ʾ)n=ō_
(5)	Ij 40,19b	_ha=ʿō*ś=ō yaggiš ḥarb=ō_
(6)	Ps 81,11a	_ʾanō*kī YHWH ʾilō*hē=ka ha=maʿl=ka mi[n]=ʾarṣ MṢR-aym_
(7)	Dan 11,6e	_w˙=tinnatin hī(ʾ) w˙=mibīʾē=ha w˙=ha=yō*lid-a=h_ _w˙=maḥzī*q-a=h b˙=[h]a=ʿittīm_

[33] BARR, (1989) 322-325, spricht in diesem Zusammenhang ausdrücklich von “relativ article”, dessen Hauptfunktion außerhalb der gewöhnlichen Determination liege.

[34] Die Ausnahmen sammelt KÖ III, §303a-h, der die grundsätzliche grammatische Zulässigkeit dieser Erscheinung annimmt, und auf andere Sprachen verweist wie ägyptisch, griechisch und italienisch (“il mio padre”). Zitiert wird nicht der Satz, sondern nur die betreffende Wortgruppe: Jos 8,33a *w˙=ha=ḥiṣy=ō*; Lev 27,23b *ha=ʿirk=ka*; Jos 7,21d *ha=ʾuhl=ī*; 2Kön 15,16d *ha=harōt-ē=ha*; Jes 24,2d *k˙=[h]a=g˙birt-a=h*; Mich 2,12d *ha=dubr=ō*. G-K, §127i, dagegen äußern textkritische Bedenken gegen die vorgebrachten Belege.

In diesen Sätzen ist die partizipiale Fügung entweder Teil einer AttV ((1)[35], (2) und (6)) oder Syntagma (6. Sy in (3), in der PV *'ad ha=makk-i=hu(w)*, 1. Sy in (4) und (5), drittes Glied eines viergliedrigen Adnominale zum 1. Sy in (7)). Besonders (3), (4) und (7) belegen eindrücklich, daß Atk und ePP zugleich am Partizip nicht auf AttS beschränkt sind. Beleg (1) zeigt überdies die doppelte Fügungsmöglichkeit Atk + Ptz + ePP neben Atk + Ptz + nota objecti + ePP. Beide sind offenbar austauschbar[36].

Von der Verbvalenz her sind schließlich auch Belege zu verstehen, die irreguläre CsV (wegen Determination sowohl des nomen regens als auch des nomen rectum) zu sein scheinen. Tatsächlich handelt es sich um (zumindest primäre) AnnV, die als solche den Regeln sehr wohl entsprechen. Schon bei den AttS aufgeführt wurde Ps 114,8a *ha=hō*pik-ī ha=ṣūr 'ȧgam maym*.

(1)	Jer 31,30bP	*kul[l] ha='adam ha='ō*kil ha=busr* (b) *tiqhēna(h) šinn-a(y)=w*
(2)	Ez 48,19aP	*w'=ha='ō*bid ha='īr* (a) *yi'bȯdū=hu(w) mik=kul[l] šibȧṭē YŚR'L*
(3)	Dt 14,22	*'aśśir t' 'aśśir 'ȧt kul[l] tȧbū'at zar'-i=ka*
		*ha=yō*ṣē(') ha=śadā̄ šanā šanā*
(4)	Dt 22,9b	*pan tiqdaš ha=mȧli'ā ha=zar'* (bR) *'ȧšr tizra'* ...
(5)	2Sam 12,5d	*kī bin mawt ha='īš ha='ō*śā̄ zō(')t*

Bei den Fügungen in den fünf Belegen handelt es sich sämtlich um AnnV, die morphosyntaktisch bzw. auf der Satzebene verschieden fungieren. (1), (3) und (5) sind Teile einer AttV. (2) ist eigenständiges Syntagma (pendentisches Adn-2.Sy), ebenso (4) (1. Sy). Nicht der Atk vor dem Partizip spielt eine Sonderrolle, sondern das nomen rectum, das nicht wie in einer gewöhnlichen CsV determinierend wirkt, weil es

[35] Auch eine Abtrennung der beiden partizipialen Fügungen als AttS wäre gerechtfertigt, weil die Doppelung als hinreichendes Kriterium für deren syntaktisches Eigengewicht gelten kann. Gegenüber 1Kön 10,8b-d, wo tatsächlich AttS angenommen worden sind, ist allerdings die Syndese zu beachten.

[36] Vgl. mit Fügung Atk + Ptz + nota objecti + ePP auch noch die Sätze Gen 48,15c.16v; Lev 25,28b; Ez 17,16bP. Es handelt sich jeweils um Attribute zu einem determinierten Substantiv.

als obligatorisches Syntagma an das Verbum gebunden ist. Dabei muß es sich nicht immer um ein 2. Sy handeln, wie die Satzbauplan III.2 entsprechende Verbindung *ha=yō*ṣē(')* *ha=śadā̈* in (3) belegt.

Von daher gilt es für die Frage der Determinationsverhältnisse bei Fügungen mit Partizip zu unterscheiden zwischen seiner möglichen verbalen vs. "nominalen" Wirkung auf Wortgruppen- bzw. Satzebene (tiefenstruktural). Bei ePP/1s/ entspricht dieser Opposition das Gegenüber der Formen *=ī* vs. *=nī*. Ein Beispiel für die Fügung Atk + Ptz + ePP/1s/ bietet Ps 18,33b.

5 Fernstellung

5.1 Vorbemerkungen

Fernstellung wird hier im engsten Sinn verstanden. In der Belegliste sind also mit den Ziffern 3 und 4 alle AttS gekennzeichnet, die nicht unmittelbar auf ihre Bezugs-NG folgen. Dabei ist zu beachten, daß als Wortgruppe auch eine Verbindung wie *š·pīpō*n ʿal-ē ʾurḥ* in Gen 49,17b gilt, nämlich als AppV aus Sub-idet + PV (Präp + Sub-idet)[37].

Bei AttS-Reihen erhält nur der erste Satz eine Ziffer 1 oder 2[38], jeder weitere AttS hat Fernstellung und ist deshalb mit 3 oder 4 markiert. Diese Fernstellung bei Reihen ist struktural wohl zu unterscheiden von der Fernstellung eines nicht in Reihe stehenden AttS. Die in Reihe stehenden AttS haben in gewissem Sinn an der Kontaktstellung ihres Erstsatzes "teil". Man vergleiche hierzu, die mit *ʾašr* eingeleiteten Relativsätze: Das Relativpronomen hat regelhaft Kontaktstellung zur Bezugs-NG (zu den Ausnahmen u. S. 34f), jedoch sind Reihen von Relativsätzen, wobei dann der jeweils zweite, dritte etc. Satz in Fernstellung steht, sehr häufig[39].

---

[37] Zugrunde liegt eine der traditionellen Grammatik gegenüber weiter gefaßte Definition der Wortgruppenart AppV. Sie erlaubt die Substitution des zweiten Gliedes einer AppV durch Adverb, PV bzw. ON/Sub-*ah*; vgl. RICHTER, (1979) 48-50. G-K, §131t, führen zwar Belege wie Gen 3,6g *wa=tittin gam l·=ʾīš-a=h ʿimm-a=ha* im Kapitel "Die Apposition" auf, lassen jedoch nicht erkennen, ob sie solche Fügungen als Appositionen verstehen. Ihr Kommentar zielt eher auf semantische Kategorien: "Die Näherbestimmung (Qualifikation) eines Nomens kann endlich auch durch eine Präposition (mit Suffix oder einem selbständigen Nomen) erfolgen ... ". KÖ III, §133γ, beschränkt Appositionen einer PV zu einem Sub auf die Präposition *l·=*. Er spricht von erklärenden Appositionen, die durch lamed relationis eingeführt seien.

[38] Vgl. z.B. Dt 8,14-16 mit einer viergliedrigen AttS-Reihe. Nur 14c ist durch Ziffer 1 gekennzeichnet, alle übrigen durch 3.

[39] Asyndetische Reihen von Relativsätzen im Pentateuch: Gen 23,9a *w·=yittin l=ī ʾat maʿar[r]at ha=MKPLH* (R1) *ʾašr l=ō* (R2) *ʾašr b·=qaṣē(h) śad-i=hu(w)*; zitiert ist jeweils der erste Relativsatz einer Reihe, bei mehr als zwei Gliedern in Klammern die entsprechende Zahl: Gen 23,17aR1; Gen 23,17aR4; Gen 40,5aR1; Gen 49,30aPR1 (3); Ex 18,10bR1; Lev 3,4vR1; Lev 3,10vR1;Lev 3,15vR1; Lev 4,9vR1; Lev 4,18aR1; Lev 7,4vR1; Lev 11,34aR1; Lev 17,8bPR1; Lev 20,10aPR1; Lev 20,25bR1; Lev 25,45aR1; Num 18,13aR1; Num 19,2cR1; Num 34,13bR1; Num 35,34aR1; Dt 4,46vaRR1; Dt 11,2bR1; Dt 11,10aR1; Dt 21,3bR1; Dt 32,46bR1; Dt 32,49aR1. Nicht berücksichtigt sind syndetische Reihen, etwa Gen 24,7aPR1

Relevant für die Würdigung der Eigenart des AttS sowohl gegenüber der AttV als auch gegenüber dem Relativsatz sind also vor allem jene Belege, die Fernstellung haben und nicht Folgesätze innerhalb einer Reihe sind.

Als schwierig erweist sich in diesem Zusammenhang auch die Abgrenzung gegen die mit Ziffer fünf gekennzeichneten Stellen mit Bezug auf grammatisches Morphem bzw. Proelement. Am 2,7a ist z.B. mit 3 und nicht mit 5 gekennzeichnet. *ha=šō*'ipīm* bezieht sich auf das Personenkollektiv *YŚR'L* in Am 2,6b, das durch ePP in bI1 aufgenommen wird. Die Entscheidung, ob das fernere *YŚR'L* oder das nähere ePP als Bezugspunkt anzugeben sind, ist letztlich mehr eine Frage der Konvention. Denn der Bezug geht ja mittelbar, nämlich über die Relation des ePP, auf den Eigennamen. Hier wurde grundsätzlich nicht das Proelement, sondern das Verweisziel desselben als ausschlaggebender Bezugspunkt betrachtet. Bei mit Ziffer 5 gekennzeichneten Sätzen — ihre Zahl ist aufgrund der obigen Entscheidung gering — ist auf eine Differenzierung zwischen Kontakt- und Fernstellung verzichtet worden. Kontaktstellung liegt in Ij 41,25b vor. Die übrigen Belege haben Fernstellung.

Die grammatische Literatur enthält bezüglich der Kontaktstellung des Attributs in einer AttV kaum Hinweise[40]. Sie ist wohl als selbstverständlich vorausgesetzt. Kontaktstellung im engsten Sinn liegt auch bei einer Verbindung wie 2Sam 17,14cI *l'=hapir[r] 'at ʿiṣat 'ḤYTPL ha=ṭōbā* vor. Das trennende nomen rectum steht lediglich höher in der Hierarchie der Fügungen. Es muß unmittelbar nach dem nomen regens zu stehen kommen, und erwirkt insofern keine Sperrstellung[41]. Die Sammlung der Belege zu den AttS zeigt zahlreiche Fügungen, die keine Kontaktstellung aufweisen. Daraus ergibt sich ein weiterer Hinweis für den AttS gegenüber einem rein morphosyntaktischen Attribut. Während in einer AttV das Adj, bzw. das Ptz in Kontaktstellung mit der Bezugs-NG

'ăšr lāqaḥ-a=nī mib=bēt 'abī=[y] w'=mi[n]='arṣ mōladt=ī (R2) *w'='ăšr dibbir l=ī*, und Reihen in denen der zweite Satz (und evtl. weitere Sätze) Tilgung des Relativpronomens aufweisen, z.B. Ex 11,6aR1 *'ăšr ka-mō*=hu(w) lō(') nihyatā* (R2) *w'=ka-mō*=hu(w) lō(') tō*sī*p*.

[40] Behandelt wird nur die Frage der Vor- vs. Nachstellung des Attributs. Vgl. KÖ III, §334θ.

[41] Auch in einer Verbindung des Typs Sub + Adj_1 + Adj_2 hat Adj_2 Kontaktstellung.

steht, ist der AttS bezüglich seiner Stellung zur Bezugs-NG relativ frei.

Auch gegenüber dem Relativsatz erweist sich der AttS als satzsyntaktisch unterschiedene Struktur. Eine Prüfung der über 5000 als RS markierten Sätze in BH^t/R2 zeigt: Etwa 99% stehen mit der jeweiligen Bezugs-NG in Kontaktstellung. Bei den verbleibenden Belegen liegen Phänomene vor, wie sie die folgenden Beispiele verdeutlichen:

(1)	Gen 30,2c	*hȧ=taḥt ʾi̇lō*hīm ʾanō*kī*
	Gen 30,2cR	*ʾȧšr manaʿ mim-mi[k]=k piry baṭn*
(2)	Gen 41,50a	*w˙=l˙=YWSP yul⊕ad ši̇nē banīm*
	Gen 41,50b	*b˙=ṭarm tabō(ʾ) šȧnat ha=raʿab*
	Gen 41,50bR	*ʾȧšr yalȧdā l=ō ʾSNT bi̇[t]t PWṬY PRʿ kō*hin ʾWN*
(3)	Ex 1,8a	*wa=yaqum malk ḥadaš ʿal MṢR-aym*
	Ex 1,8aR	*ʾȧšr lō(ʾ) yadaʿ ʾat YWSP*
(4)	Ex 4,17a	*w˙=ʾat ha=maṭṭǟ ha=zǟ tiqqaḥ b˙=yad-i=ka*
	Ex 4,17aR	*ʾȧšr ti̇ʿśǟ b=ō ʾat ha=ʾō*tō*t*
(5)	1Sam 15,15b	*mi[n]=ʿMLQ-ī hi̇bīʾū=m*
	1Sam 15,15bR	*ʾȧšr ḥamal ha=ʿam[m] ʿal mēṭab ha=ṣō(ʾ)n w˙=ha=baqar*

Am häufigsten wird Sperrstellung wie in (1) durch das sPP in der Rolle des Subjekts in einem NS verursacht[42], oder durch ein anderes einzelnes Wort, das als Syntagma des Vorsatzes zwischen Bezugs-NG und RS steht[43]. Nur ganz selten wird die Sperrstellung durch zwei oder drei

[42] Lev 25,42aR; Dt 11,10aR1; 2Sam 3,8cR; 1Kön 8,51aR; 1Kön 13,26cR; 2Kön 9,36dR; Ez 16,45cR; Ps 63,2aR; Spr 30,15dR; Spr 30,18aR; Rut 2,6cR; 2Chr 22,9hR.

[43] Der RS bezieht sich jeweils auf das Subjekt des Vorsatzes in einem NS: 1Kön 5,21dR nach *barūk YHWH ha=yōm*; 1Kön 10,9aR nach *yi̇hy YHWH ʾi̇lō*hē=ka barūk*; Rut 4,1cR nach *w˙=hinni(h) ha=gō*ʾil ʿō*bir*; der RS bezieht sich jeweils auf ein anderes Syntagma (meist 2. oder 4. Sy) des Vorsatzes in einem VS: 1Kön 6,12dR nach *w˙=hi̇qī*mō*tī ʾat dȧbar=ī ʾitt-a=k*; Jes 30,24aR nach *w˙=ha=ʾȧlapīm w˙=ha=ʿȧyarīm ʿō*bi̇dē ha=ʾȧdamā b˙līl ḥamīṣ yō(ʾ)kilū*; Jer 23,16dR nach *ḥȧzōn libb-a=m y˙dabbirū*; Ez 5,16aIPR1 nach Ez 5,16aIP *b˙=šalli̇ḥ=ī ʾat ḥiṣṣē ha=raʿab ha=raʿ[ʿ]īm ba=him*; Am 2,9aR1 nach *w˙=ʾanō*kī hišmadtī ʾat ha=ʾMR-ī mip=pȧnē=him*; Ps 140,5bR nach *mi[n]=ʾīš ḥȧmasīm tinṣȧr-i=nī* (zwei Syntagmen: P und 2. Sy!); Ij 22,15aR nach *ha=ʾurḥ ʿōlam tišmur*; 2Chr 36,13aR nach *w˙=gam b˙=[h]a=malk NBWKDNʾṢR marad*.

Wörter verursacht wie in (3) und (4)[44].

(2) zeigt scheinbar den Anschluß eines RS über den Temporalsatz mit *b*'=*ṭarm* hinweg. Es handelt sich um ein singuläres Phänomen[45]. Zu vergleichen ist Gen 46,20b (in BH^{t}/R1 noch Gen 46,20aR), wo derselbe *'ăšr*-Satz offenbar keinen lexikalischen Bezugspunkt aufweist.

(5) steht als Beispiel für eine Anzahl von Belegen, bei denen die Entscheidung zwischen RS oder Nebensatz mit konjunktionalem *'ăšr* diskutiert werden kann. Nimmt man wie BH^{t} RS an, so kommt als Bezug nur ePP/3ms/ im Vorsatz in Frage, also Kontaktstellung[46].

Dieser Befund berechtigt von einer regelhaften Kontaktstellung des Relativsatzes zu seinem Bezugswort[47] bzw. seiner Bezugs-NG zu sprechen. RS und AttS haben also diesbezüglich verschiedenen Charakter. Die Möglichkeit der Fernstellung, ihre Häufigkeit und das Ausmaß der Ferne zur Bezugs-NG ist ein Indikator für die angesprochene gegenüber dem Relativsatz viel lockerere Bindung[48].

---

[44] Folgende RS mit den jeweils in Sperrstellung stehenden Wortgruppen: Ex 11,6aR1 *b*'=*kul[l]* *'arṣ MṢR-aym*; Ex 29,42aR *l*'=*pānē YHWH*; Jes 31,4bR *'al ṭarp*=*ō*; Ps 71,19vVR *'ad marōm*; Ij 12,10vR *'aśātā zō(')t*; Hl 1,14aR *dōd*=*ī l*=*ī*.

[45] Jes 30,10vR1 mit Bezug auf Jes 30,9c *banīm* steht mit dem trennenden RS in Reihe und hat insofern Kontaktstellung.

[46] Zu *'ăšr* in konjunktionaler Funktion vgl. SEIDL, (1991) 445-469. Weitere Sätze, mit möglicherweise konjunktionalem *'ăšr*: Lev 7,36vR (!!); 1Kön 15,13aR (!); Jer 5,22bR (!!); Jer 41,2cR; Ez 16,59cR; Ez 17,16bPR1; Ps 132,2vR1 (!!); Ps 139,20vR1 (!!); Ij 8,14vR1 (!); Dan 9,8aR. Bei der Ansetzung von Relativsätzen muß teilweise erhebliche Fernstellung in Kauf genommen werden (mit ! gekennzeichnete Stellen: ! für ein Wort, !! für mehr als ein Wort in Sperrstellung).

[47] Der RS muß dabei nicht im Verhältnis einer Apposition zu seinem Bezugswort stehen, man vergleiche etwa Lev 14,32a *zō(')t tōrat* (aR) *'ăšr b*=*ō nag' ṣar[r]a't* mit aR entsprechend nomen rectum zu *tōrat*; ferner: Ex 4,13bR (ohne RPron); Jer 22,25aR; Ez 23,28bR1.bR2; kein RS, sondern Korrelativsatz liegt dagegen in Gen 33,9cR vor. Zu beachten sind ferner in BH^{t}/R1 als RS markierte Sätze, die substitutionsäqivalent sind mit einem Substantiv in einer Syntagmaverbindung: Num 15,14a *w*'=*kī yagūr 'itt*=*kim gē*r 'ō* (aR) *'ăšr b*'=*tōk*=*kim l*'=*dō*rō*t-ē*=*kim*; oder einem Substantiv in einer PV: 1Sam 30,14a *'ănaḥnū pašaṭnū nagb ha*=*KRT-ī w*'=*'al* (aR) *'ăšr l*'=*YHWDH* (a) *w*'=*'al nagb KLB*.

[48] Vgl. KÖ III, §411e, der auf die Fähigkeit der Fügungen Atk + Ptz hinweist, sich auf ein entfernteres Nomen zu beziehen.

5.2 Fernstellung zu determinierter Bezugs-NG

Der Grad der Ferne ist sehr unterschiedlich. Es folgt eine Differenzierung der Belege mit Kennziffer 3, in denen sich ein AttS in Fernstellung auf ein determiniertes Nomen bezieht.

1. Für die mit Ziffer 3 gekennzeichneten Belege — Folgesätze in einer AttS-Reihe sind ausgenommen — ergibt sich ein erster Grad an Fernstellung bei Belegen, die durch eine einzige Wortgruppe von der Bezugs-NG getrennt sind. So bezieht sich etwa der AttS 2Sam 1,24b auf den PN *Š'WL.* Dazwischen steht eine Wortgruppe, in diesem Fall das Prädikat *bkēna(h)*[49].

2. Ein zweiter denkbarer Grad an Fernstellung ist nicht belegt, nämlich mehr als eine Wortgruppe, aber kein satzhaftes Element in Sperrstellung[50].

3. Ein dritter Grad wird durch ein dazwischentretendes satzhaftes Element, wie Relativsatz, satzhafte Infinitivkonstruktion, elliptischer Satz (als Teilsatz eines Erweiterten Satzes) konstituiert[51].

---

[49] Weitere Belege: Dt 20,1e; Jer 21,13b; Jer 23,27a; Jer 23,31b; Jer 51,25b (*ha=mašḥīt* in 25aV wird als substantiviert verstanden, in 25b dagegen als eigentliches Ptz); Am 5,9a; Am 8,14a; Ps 49,7a; Ps 104,32a; Ps 137,7b; Ps 147,8a; Ij 6,16a.

[50] Allenfalls Sir 49,13b(B) könnte diesem Typ angehören. Das Pendens ist Bezugs-NG und gehört zu dem es aufnehmenden Satz. Trotzdem ist dieser in sich vollständig, so daß auch Sir 49,13b(B) treffender den Belegen des dritten Grades zugerechnet wird.

[51] In 1Kön 9,23b ist *śar[r]ē ha=niṣṣabīm* Prädikat eines Nominalsatzes, *ḥàmiš*⊕*īm w˙=ḥàmiš mi'ōt* dazu Adnominal (Indetermination!). Der AttS ist also von der Bezugs-NG *śar[r]ē ha=niṣṣabīm* getrennt durch einen Relativsatz (und eine Wortgruppe, die NumV). Jes 5,18-19 hat einen elliptischen Satz in Sperrstellung. Der Grad der Fernstellung ist vergleichsweise gering. Auf der Ebene des Satzes 18a ist *mō*šìkē ha='awō*n b˙=ḥabàlē ha=šaw'* als komplexe Wortgruppe 1. Sy. Für sich betrachtet entspricht der Komplex einem Satz mit Prädikat, 2. Sy und C[instr]. Die beiden letzteren Syntagmaarten sind chiastisch in 18b (C[instr] und 2. Sy) gegeben, das Prädikat fehlt. Es ergibt sich ein ES1, d.h. eine denkbar enge Verbindung. Deshalb wird der Beleg hier eingeordnet. Am 2,7a ist auf das Kollektiv *YŚR'L* in 6b bezogen. Dazwischen stehen mehrere Wortgruppen und zwei Infinitiv-Fügungen. In bI1 wird es als ePP/3mp/ aufgenommen (constructio ad sensum). Ein eigener vollständiger Satz steht nicht in Sperrstellung. Am 4,1b ist AttS zu *par[r]ōt ha=BŠN*, von diesem nur durch den kurzen Relativsatz *'àšr b˙=har[r] ŠMRWN* getrennt. Ps 86,2e wird durch den Anruf *'attā 'ìlō*h-ay=[y]* (2d) von seinem Bezugswort *'abd=ka* getrennt. Folgt man der

4. Zahlreicher sind Bezüge, die relativ weit gehen, etwa in einem Rahmen von drei Sätzen, wobei aber in dem Satz vor dem Relativsatz ein ePP bzw. das grammatische Morphem am Prädikat die Bezugs-NG vertritt. Als Beispiel diene Mich 7,10a-c. Der AttS bezieht sich auf *'ō*yibt=ī* in 7a. Der trennende Satz 7b nimmt aber in *w'=t'kass-i=ha* durch das ePP/3fs/ die Bezugs-NG auf[52]. Obwohl noch weiter bezogen, kann eine weitere Gruppe von Belegen hier eingeordnet werden, die ebenfalls Aufnahme der Bezugs-NG im Satz vor dem AttS haben. So bezieht sich Am 6,3a zurück auf 1a *hōy ha=ša'nan⊕īm b'=ṢYWN* mit *ha=ša'nan⊕īm b'=ṢYWN* als Bezugs-NG (AppV), das zehn Sätze zurückliegt. Trotzdem ist der Bezug durch das ePP in *mig=gabū*l=kim* 2f hergestellt[53].

5. In einigen Fällen ist die Bezugs-NG mehr als einen Satz entfernt, ohne daß in dem dem AttS vorausgehenden Satz eine Aufnahme durch ePP oder grammatisches Morphem erfolgte. So trennen zwei Sätze den AttS Sir 48,5(B) von seinem Bezugswort, dem Personennamen *'LYHW*. Davon zu unterscheiden ist ein Beleg wie Ps 146,6b, der sich auf die AppV *YHWH 'ilō*h-a(y)=w* in 5c bezieht. Der trennende Satz 6a enthält zwar weder rückweisendes ePP noch ein verbales Prädikat mit grammatischem Morphem /3ms/. Dennoch ist er auf die Bezugs-NG bezogen: Er kann nämlich als elliptischer NS IV beschrieben werden, dessen getilgtes 1. Sy aus 6a aufzufüllen ist. Ähnliches gilt für Ij 5,10a. Bezugswort ist *'ilō*hīm*, 9a ist NS IV mit getilgtem 1. Sy. Hier wirkt das getilgte 1.Sy ähnlich anbindend, wie ein ePP oder ein grammatisches Morphem am Verbum.

---

in BHS vorgeschlagenen Umstellung von 2d vor oder nach 3a, dann wäre die partizipiale Fügung als einfaches Attribut zu bewerten. 1Chr 11,10b hat vor sich den trennenden Relativsatz aR. Auf Sir 49,13b(b) wurde oben schon hingewiesen. Sir 51,8b(B) hat in Sperrstellung eine Wortgruppe und einen Relativsatz.

52 Stellen ohne ePP-Aufnahme, nur mit grammatischem Morphem sind durch (x) markiert: Dt 33,9a (schwieriger Text!); Jes 51,20c (x); Mich 7,10c; Ps 19,11a (x); Ps 33,15a; Ps 66,9a; Ps 103,3a; Ps 144,10a; Ps 147,3a (x); Ps 147,14a (x); Hl 2,16c.

53 Belege: Jes 44,26c (x); Jer 22,14a; Am 6,3a; Ps 144,2e; Ij 9,5a (x); Sir 50,4a(B).

5.3 Fernstellung zu indeterminierter Bezugs-NG

Die gleichen Kategorien lassen sich auch auf die AttS mit Kennziffer 4 anwenden, die Fernstellung zu einer indeterminierten Bezugs-NG zeigen (Folgesätze einer AttS-Reihe wieder ausgenommen). Sie sind insgesamt weniger zahlreich, und verschiedene Kategorien sind nicht belegt. Es finden sich keine Belege im Sinne der oben besprochenen ersten beiden Kategorien. Die dritte Kategorie ist vertreten durch einen Beleg, der auf ein Pendens bezogen und nur durch den das Pendens aufnehmenden Satz von ihm getrennt ist (Ps 94,10b mit *yō*sir gōyī*m* als Bezugs-NG)[54], sowie einige Belege mit Relativsätzen in Sperrstellung[55].

Der vierten Kategorie läßt sich Ij 22,17a zuordnen. Die indeterminierte Nominalgruppe *mütē ʾawn* wird in 16b (unmittelbar dem AttS vorausgehender Satz) durch ein ePP/3mp/ aufgenommen[56]. Ähnlich wird Sir 44,3c(B) bewertet. Ij 30,3a ist auf die komplexe Wortgruppe *ṣȧʿīrīm mim-min⊕=ī lˑ=yamīm* in 1a bezogen, aufgenommen im ePP/3mp/ 2b.

Für die fünfte Kategorie, ohne Aufnahme durch ePP und über Satzgrenzen hinweg bezogen, kann Jes 30,2a mit Bezug auf *banīm sōrirīm* in 1a angeführt werden. Satzsyntaktisch gesehen wird durch die drei Infinitive, die sich gleichfalls auf *banīm sōrirīm* beziehen, trotz der (mit den Infinitiv-Fügungen einen ES1 bildenden!) Sätze 1b und 1c eine relativ enge Verbindung zwischen dem AttS und der Bezugs-NG hergestellt. Diese wirkt ja als 1. Sy der tiefenstruktural anzusetzenden Sätze, die an der Oberfläche durch 1aI1, 1aI2 und 1aI3 repräsentiert werden, weiter.

---

[54] Vgl. dazu die Anmerkung zu Sir 49,13b(B).

[55] Jes 18,2a (für diesen Beleg ist überdies die Disgruenz im Genus zwischen *ʾarṣ* und *ha=sō*liḥ* zu beachten); Spr 2,17a; Sir 14,21a(A); Sir 36,31d(B).

[56] Mit dieser Aufnahme durch ePP erfolgt natürlich eine Determinierung. Insofern ist die Einordnung unter Kennziffer 4 problematisch. Entscheidendes Kriterium ist jedoch die Bezugs-NG. Diese ist indeterminiert.

5.4 Kein lexematisch klarer Bezug

Fraglich ist, ob ein Bezug auf Verbalmorpheme der 2. Person angenommen werden kann: Am 6,13a und Jes 46,6a beziehen sich möglicherweise jeweils auf ein grammatisches Morphem am Verbum, u.z. /2ms/ und /2mp/. Für Am 6,13a ist der Anschluß an Am 6,12c unsicher. Geht man davon aus, das die Aufeinanderfolge sekundär ist, so bezog sich 13a ursprünglich auf ein nicht mehr feststellbares Lexem des primären Zusammenhangs, oder stand, falls es Anfang einer kleinen literarischen Einheit war, ohne Bezugswort. Auch aus inhaltlichen Gründen ist Letzteres unwahrscheinlich[57].

Jes 46,6a könnte gleichfalls auf grammatisches Morphem am Verbum /2mp/ bezogen sein, u.z. in den Prädikaten 5a-c (5d ist Nebensatz zu 5c). Der Anschluß an die vorhergehenden Sätze ist wie in Am 6,13a inhaltlich nicht klar.

Bezug auf ein ePP zeigt vielleicht Ij 41,25b. Die einschlägige lexematische Bezugs-NG läge in Ij 40,15a *hinni(h) nā(ʾ) bahimōt*. Die folgenden Sätze nehmen immer wieder über die Kapitelgrenze hinaus durch grammatisches Morphem bzw. ePP auf es Bezug (/3ms/: constructio ad sensum!). Als Bezugspunkt für den AttS 25b kann es nicht mehr gelten. Die Deutungsalternative "einpoliger Satz" erscheint kontextuell nicht wahrscheinlich.

Auf keinen Fall kann Verbalmorphem der 3. Person als Bezugspunkt für AttS in Frage kommen. Im Unterschied zur 1. und 2. Person sind Verbalsätze der 3. Person ohne lexematisch ausgedrücktes Subjekt unvollständig. Es gibt also in solchen Sätzen nichts, worauf gewiesen werden könnte. Deshalb sind folgende Stellen nicht als AttS zu beschreiben:

Jes 42,17a   *nasō*gū ʾaḥōr*

[57] Vgl. WOLFF, (1969) 332: "Wenigstens der Anfang dieses Spruches ist nur fragmentarisch überliefert. Mit nackten Partizipien hat kein Amosspruch begonnen." Er vermutet einen Wehruf, einen Aufmerkruf oder eine andersartige Sprecheröffnung. "In jedem Fall dienen die Partizipialsätze wie immer dem Schuldaufweis."

	Jes 42,17b	*yibō*šū bušt*
(1)	Jes 42,17c	*ha=bō*ṭiḥīm b˙=[h]a=pasl*
(2)	Jes 42,17d	*ha=ʾō*mirīm l˙=massikā*
	Jes 42,17e	*ʾattim ʾilō*hē=nū*
	Ez 13,6a	*ḥazū šawʾ w˙=qasm kazab*
(3)	Ez 13,6b	*ha=ʾō*mirīm*
	Ez 13,6c	*naʾū*m YHWH*
	Ez 13,6d	*w˙=YHWH lō(ʾ) šalaḥ-a=m*
	Ez 13,6e	*w˙=yiḥ[ḥ]ilū*
	Ez 13,6eI	*l˙=qayyim dabar*

Sowohl Jes 42,17c-d als auch Ez 13,6b folgen auf Sätze mit nicht ausgedrücktem 1. Sy, das Prädikat hat jeweils /3mp/ als grammatisches Morphem. Sie fungieren also auf dieser Ebene als Adnominalia zum 1. Sy. Das 1. Sy der vorhergehenden Sätze ist aus ihnen kontextgetilgt. Es handelt sich mithin um Syntagmasätze, nicht um AttS. Das Verhältnis von Syntagmasätzen zu AttS kann mit demjenigen von Relativsätzen (mit *ʾašr*) zu Syntagmasätzen (mit *ʾašr*) verglichen werden.

Auch für Jes 40,22a fehlt in den vorausgehenden Sätzen jeder mögliche Bezugspunkt in syntaktischem Sinn.

	Jes 40,21a	*ha=lō(wʾ) tidiʿū*
	Jes 40,21b	*ha=lō(wʾ) tišmaʿū*
	Jes 40,21c	*ha=lō(wʾ) huggad mi[n]=rō(ʾ)š la=kim*
	Jes 40,21d	*ha=lō(wʾ) hibīnō*tim mōsadōt ha=ʾarṣ*
SG	Jes 40,22a	*ha=yō*šib ʿal ḥūg ha=ʾarṣ*
	Jes 40,22b	*w˙=yō*šibē=ha k˙=[h]a=ḥagabīm*
KF!	Jes 40,22c	*ha=nōṭā k˙=[h]a=duq[q] šamaym*
	Jes 40,22d	*wa=yimtaḥ-i=m k˙=[h]a=ʾuhl*
	Jes 40,22dI	*la=šibt*
KF!	Jes 40,23a	*ha=nōtin rōzinīm l˙=ʾayn*
	Jes 40,23b	*šō*piṭē ʾarṣ k˙=[h]a=tuhw ʿaśā*

ʾil in 18a ist zu weit entfernt. Entscheidend für das richtige Verständnis der Bezüge sind Aspekte der Textstruktur. Unmittelbar voraus gehen vier Fragen mit Verben der Wahrnehmung (21a, 21b, 21d) bzw. der Rede (21c), die auf einen Sachverhalt zielen, entsprechend Satzbauplan IV.4

mit '2. Sy' (Objektssatz). Der mit den Fragen intendierte Sachverhalt ist die Antwort auf die Fragen am Anfang der Einheit (12a *mī madad b'=šuʿl=ō maym* ...), die jetzt gegeben wird. Trotzdem ergibt sich für 22a (und Folgesätze 22b.23a) nicht die elliptische Struktur eines Antwortsatzes, der aus dem Fragesatz zu seiner vollständigen Struktur ergänzt werden kann. Eine Satzform SB3 liegt wegen der extremen Fernstellung zumindest der Oberfläche nach nicht vor[58]. 22a muß wohl als einpoliger Zeigesatz verstanden werden, der kontextuell durchaus die Funktion eines Antwortsatzes wahrnimmt. Es handelt sich also nicht wirklich um einen AttS.

Problematisch scheint auch der Bezug von Am 5,7a. Nach dem masoretischen Text kommt nur die Ortsbezeichnung *BYT 'L* in Frage, die parallel zu Am 5,6c *bēt YWSP* steht, und von daher als Bezeichnung für ein Personenkollektiv aufgefaßt werden darf. Die Pluralform des Partizips im AttS ist als constructio ad sensum nicht regelwidrig. Auch inhaltlich kann eine sinnvolle Verbindung hergestellt werden. Deshalb wurde der AttS mit 1 gekennzeichnet. Literarkritisch wird jedoch vor allem wegen des Bruchs zwischen 7a-b und 8a-9b, die Ursprünglichkeit des Verses an dieser Stelle bestritten. Man stellt ihn nach Vers 9 vor Vers 10 und konjiziert *ha=hō*pikīm* zu *hōy ha=hō*pikīm* oder *hōy hō*pikīm*[59], wobei beide Versionen, mit und ohne Artikel, auf Belege verweisen können[60].

[58] Nach IRSIGLER, (1993) 94, beschreibt SB3 "Ergänzungsbeziehungen im Frage-Antwort-Spiel von Gesprächskontexten" als den "weitaus häufigsten Fall von SB3..."

[59] Vgl. WOLFF, (1969) 273.

[60] *hōy* mit indeterminierter partizipialer Fügung: Jes 5,8a; Jes 5,11a; Jes 33,1a; Jes 45,10a; Jer 23,1a; Mich 2,1a; Hab 2,9a; Hab 2,12a; Hab 2,19a. *hōy* mit partizipialer Fügung ohne Artikel, aber mit determiniertem nomen rectum: Jes 5,18a; Jer 22,13a; Ez 34,2e; Hab 2,15a; Zef 2,5a (Sach 11,17a *hōy rō*ʿ=ī ha=ʾlīl* hat ePP/1s/ *ī* (vs. *nī*) und zeigt damit Substantivierung des Partizips an). *hōy* mit partizipialer Fügung mit Artikel (vor dem Partizip): Jes 5,20a; Jes 10,1a; Jes 29,15a; Jes 31,1a; Am 5,18a; Hab 2,6d.

6 Satzsyntaktische Beobachtungen

Ein besonders auffälliges Phänomen im Bereich des AttS ist die Einbettung solcher Fügungen in verschiedene satzsyntaktische Großformen, auch im Zusammenhang mit Verbalsätzen. Die Belegliste notiert kontextfunktionale Verknüpfung nur, wenn nicht eine andere, engere Art der Verknüpfung mit satzhaften Elementen bzw. Sätzen vorliegt. Ist ein AttS zusätzlich Glied einer AttS-Reihe, so ist dies auch ohne besondere Kennzeichnung aus der Belegliste leicht zu entnehmen.

6.1 Infinitiv-Konstruktion

Abhängige Infinitiv-Fügungen sind theoretisch auch innerhalb von Wortgruppen denkbar. Deshalb sind sie in diesem Zusammenhang relativ schwache Indizien[61]. Im Einzelfall haben sie jedoch erhebliches syntaktisches Gewicht. Ein sprechendes Beispiel ist Dt 1,33a mit drei Infinitiven, wobei die dritte Infinitiv-Fügung überdies einen Relativsatz hat[62].

6.2 Satzgefüge

Der Terminus ist hier weitgefaßt und meint auch Relativsatz-Fügungen, obwohl diese auf Wortgruppenebene fungieren und damit nur in beschränktem Maß das syntaktische Eigengewicht belegen. Einschlägiger sind diesbezüglich SG temporaler, konsekutiver, konditionaler sowie modaler/explikativer Art. Mit Ausnahme von Ij 3,21a (der folgende unter-

---

[61] Vgl. die oben dargelegte Auffassung zur AppV, die auch eine PV als apponiertes Element zuläßt. Damit werden Fügungen wie Sub-det + PV (Präp + Infinitiv) auf morphosyntaktischer Ebene beschreibbar.

[62] Belege mit Infinitiv: Lev 11,45b; Lev 22,33a; Dt 1,33a; Ri 16,27d; Jes 30,2a; Jes 51,10c; Jer 13,10b; Jer 23,27a; Hab 1,6b; Ps 113,5b; Ps 113,6a; Ij 3,8b; Spr 2,13a; Spr 2,14a;1Chr 11,10b; Sir 14,21a(A); Sir 48,10a(B); Sir 50,22b(B). Unter diesen Belegen finden sich auch solche, bei denen zusätzliche satzsyntaktische Kriterien hinzukommen, wie zum Beispiel Satzreihe. So bildet Jer 13,10b mit 10c eine zweigliedrige asyndetische SR; ebenso Ps 113,5b mit 6a, Spr 2,13a mit 14a, Sir 14,21a(A) mit 23a(A), Sir 48,10a(B) mit 8a und 9a (dreigliedrig); Sir 50,22b(B) mit 22c. Zu beachten sind jene Fälle, die wie Dt 1,33a besonders gewichtige Infinitiv-Fügungen haben: Jer 23,27a; Hab 1,6b; Sir 48,10a(B).

geordnete Satz ist NS!) handelt es sich bei den subordinierten Sätzen um Verbalsätze verschiedener Formation[63].

6.3 Syntagmasatz

Syntagmasätze sind ausschließlich durch Rede nach AttS eingeleitet durch *ha=ʾō*mir*, *ha=ʾō*mirā*, *ha=ʾō*mirīm* und *ha=ʾō*mirō*t* vertreten[64]. Die Komplexität und Eigenständigkeit solcher Syntagmasatzgefüge bezeugt Jes 44,26c-28b eindrucksvoll: Es liegt erstens eine dreigliedrige AttS-Reihe vor (26c; 27a; 28a), in der jedes Glied die Struktur *ha=ʾō*mir l·=* + EN/Sub-det aufweist. Zweitens folgt auf diese Redeeinleitungen jeweils eine Rede als "2. Sy", wobei 26d, 26f-g und 27b-c Verbalsätze bilden, während 28b ein einpoliger Nominalsatz ist. Drittens ergibt sich für 26c-26g ein weiterer satzsyntaktischer Zusammenhang: Der elliptische Satz 26e erklärt sich aus der Satzform ES1 mit 26c und leitet die Rede 26f-g ein.

6.4 Erweiterter Satz

Als Typus des Erweiterten Satzes ist ES1 mit vollständigem plus nachfolgendem elliptischem Satz belegt. Der AttS ist vollständig, insofern der Artikel Verweisungsfunktion wahrnimmt und das erste Syntagma vertritt. Er enthält per definitionem ein Partizip und ist NS IV, fungiert aber satzsyntaktisch wie ein Verbalsatz. Das zeigte sich bereits beim Phänomen der Syntagmasätze. Auch bei der Klassifizierung der Satzformen ist er im Allgemeinen wie ein Verbalsatz zu behandeln. Er steht

---

[63] Gen 49,17c (konsekutiv; *wa=*PK-KF); Dt 8,15a; Dt 8,16a; Ez 32,22d; Ez 32,24c; Am 5,9a (modal? vielleicht parataktisch; *w=*x-PK-LF); Am 8,14a (explikativ; *w=*SK); Ps 104,10a (konsekutiv; x-PK); Ps 104,32a (konsekutiv; *wa=*PK-KF); Ij 3,21a (neg. explikativ; NS); Ij 9,5a (neg. explikativ; *w=*x-PK-LF); Ij 9,6a (konsekutiv; *w=*x-PK-LF); Ij 9,7a (konsekutiv; *w=*x-PK-LF); Sir 36,31d (temporal; x-PK-LF). Relativsatzgefüge sind ohne erläuternde Klammer aufgeführt. Die Stellenangabe betrifft jeweils den übergeordneten AttS, von dem der Nebensatz abhängt.

[64] Gen 32,10b; Dt 33,9a; Jes 5,19a; Jes 41,13b; Jes 44,26c; Jes 44,27a; Jes 44,28a; Jes 47,8c; Jes 65,5a; Jer 21,13b; Jer 22,14a; Ez 11,3a; Am 4,1d; Am 6,13b; Mich 4,11b; Mich 7,10c; Zef 2,15c; Ps 137,7b; Ij 22,17a.

vor dem elliptischen Satz. Damit ergibt sich ES1Aa für VS + elliptischer Satz mit gleichem vorausgesetzten Prädikat, wobei der elliptische Satz nachsteht. ES1 ist seinem Wesen nach die engste Bindung zweier Sätze zu einem Großsatz, weil das ersparte gemeinsame Element ein Satzhauptglied ist, Subjekt oder Prädikat. In allen Belegen zu ES1 ist sowohl das Prädikat als auch das syntaktische Funktionswort *ha=* getilgt[65]. Als Subjekt wird man den Artikel, auch wenn er Profunktion für das 1. Sy hat, nicht ansprechen dürfen. An dieser Frage entscheidet sich die Einordnung einiger Belege als ES1 oder ES3, die in ihrem unvollständigen Teil Tilgung des *ha=* aufweisen. Sie werden hier als ES3a (Voranstellung des vollständigen Satzes) eingeordnet. Dabei ist zu unterscheiden zwischen Syndese und Asyndese[66]. Die Weitergeltung des Artikels ist freilich nicht selbstverständlich. Vor allem im hymnischen Bereich gibt es Kontexte, in denen partizipiale Fügungen ohne Artikel wahllos mit solchen mit Artikel und Verbalsätzen zu wechseln scheinen, so daß der Schluß naheliegt, auch bei den Fügungen ohne Artikel handle es sich um vollständige AttS. Dieser Frage soll u. eigens nachgegangen werden.

6.5 Satzbund

Satzbund ist nicht belegt.

---

[65] Jes 18,2a; Jes 43,16b; Nah 3,4d; Ps 114,8a; Ps 144,1c; Ij 30,4a; Sir 48,5(B); Sir 48,6a(B).

[66] Ohne Konjunktion Jes 47,13d-e; Jes 51,9f-g; Jes 57,5a-b und Ps 146,6b-7b (mit zwei unvollständigen Sätzen). Belege, in denen der unvollständige Satz mit *w˙=* anschließt: Ps 19,11a-b; Ij 5,10a-b; 2Chr 9,7c-d. Der parallele Beleg 1Kön 10,8c-d weicht nur darin ab, daß er den zweiten Satz mit *ha=* anstelle von *w˙=* einleitet. Das bestätigt die Richtigkeit der Interpretation von 2Chr 9,7c-d als ES. Es zeigt, daß der Artikel in der Tat im Folgesatz weiterwirkt. In Am 6,4a-d wirkt der Artikel von 4a weiter in 4b und 4c. 4c bildet mit 4d (elliptischer Satz mit Tilgung des Prädikats) überdies einen ES1. Ferner: Ps 147,3a-b; Sir 44,3c(B); Sir 50,4a-b(B). Ij 9,8-10, eine Reihe von vier partizipialen Fügungen ohne Artikel, wobei a mit b durch Syndese eine Substruktur bilden, könnte in diesem Sinn als Teil einer Ersparungskonstruktion gelten. Der Artikel aus 7a wirkt weiter. Problematisch ist allerdings der Abstand zwischen 8a und 7a.

6.6 Kontextfunktionale Satzverknüpfung

Kontextfunktionale Satzverknüpfung meint hier Satzreihe, Satzparallele und Satzzuordnung. Die betreffenden Sätze sind im Unterschied zum Satzgefüge syntaktisch gleichgeordnet, und haben im Unterschied zum Erweiterten Satz bzw. Satzbund keine Ersparungskonstruktion. Abgrenzungsschwierigkeiten ergeben sich zwischen SG und SZO. Die Entscheidungen sind nicht durch eingehende Kontextuntersuchungen gestützt. Ihre Unsicherheit ist für die hier gestellten Fragen von untergeordneter Bedeutung. Der häufigste Fall von SR in den Belegen ergibt sich aus der asyndetischen Folge von AttS selbst[67]. Verknüpfendes *w'=* findet sich beim dritten Glied einer dreigliedrigen AttS-Reihe, Jes 65,11b-d. Eine funktionale Differenz läßt dieser Sonderfall der syndetischen Folge nicht erkennen. Häufiger ist bei Syndese Ersparung des Artikels und dadurch bedingte Satzform ES3[68].

Eine andere Gruppe von Satzverknüpfungen wird durch einen einzelnen AttS und dem jeweils nachfolgenden Verbalsatz gebildet. Die Sätze zeigen enge syntaktische Verbindung durch gemeinsames Subjekt, das im AttS durch das Funktionswort *ha=* vertreten ist. Im folgenden Satz ist es (fast immer) getilgt, aber nicht aus dem Vorsatz, der ja auch "nur" den verweisenden Artikel enthält, sondern aus dem Satz, in dem die Bezugs-NG des AttS steht. Es liegt also keine Ersparungskonstruktion zwischen dem AttS und dem nachfolgenden Verbalsatz vor. Dabei zeigen die meisten Belege chiastische Struktur: Der AttS ist festgelegt auf Atk + Ptz + Sy, der nachfolgende Satz hat meist Sy + verbum finitum[69]. Das Verb steht am Satzende, überwiegend als PK(-LF). Es handelt sich

---

[67] Einfach gereiht, ohne weitere Verflechtungen und Abhängigkeiten, zweigliedrig: 2Sam 1,24b; 1Kön 10,8c; Jes 46,3b; Jer 2,6c; Ps 33,15a; Ps 144,10a; Ij 3,14a; dreigliedrig: Ps 104,3a; Ps 147,8a. Dazu kommen Belege, in denen ein Satz der AttS-Reihe durch Infinitiv oder Syntagmasatz erweitert ist: Jes 51,10c; Am 4,1b; Am 6,13a; Spr 2,13a.

[68] Vgl. die Belege dort.

[69] Zitiert wird nur der entsprechende AttS, nicht auch der zugehörige Verbalsatz: Jes 46,6a; Jer 23,31b; Am 2,7a; Am 5,7a (SK); Mich 3,9b; Ps 49,7a; Spr 2,17a (SK); Sir 44,3c(B). Belege mit PK(-LF) sind nicht gekennzeichnet.

um SR. Weniger belegt sind andere Strukturen: SR mit *wa*=PK-KF[70]; SR mit verschiedenem Subjekt[71]; SPar mit negiertem Verbalsatz[72]; SZO fehlt völlig. Ein Phänomen elliptischer Satzsyntax liegt in Jer 49,4c-d vor. Zur Rede 4d fehlt die Redeeinleitung. *BṬḤ* kann nicht als sekundäre Redeeinleitung bewertet werden. Es ist mit 4. Sy gemäß seiner regulären Valenz besetzt. Der Fragesatz 4d ist durch die zu ergänzende Redeeinleitung (z.B. *ha=ʾō*mirā b˙=li̇bab-a=h*) kontextfunktional an den AttS 4c gebunden.

Zuletzt sind auch noch jene Fälle zu beachten, in denen die einzelnen Glieder einer AttS-Reihe zusätzlich kontextfunktional bzw. im Rahmen einer Satzform gebunden vorliegen. Es ergeben sich z.T. sehr komplexe Strukturen. Die folgende Übersicht zu AttS-Reihen, deren Einzelglieder weitere Verknüpfungen zeigen, zählt nach der Stellenangabe in römischen Ziffern die einzelnen AttS und gibt die Art der weiteren Verknüpfung an. Infinitive und Syntagmasätze sind nicht berücksichtigt[73]:

Dt 8,14c	I II(RSG) III IV(RSG)
Jes 43,16b	I(ES1) II
Jes 44,26c	I(ES1) II III
Jes 48,1b	I(SR) II(SR)
Jes 65,4a	I(SR) II(SR) III
Jer 13,10b	I II(SR mit *wa*=-PK-KF!)
Am 6,3a	I(SR mit *wa*=-PK-KF!)
	II(ES mit 3 syndetisch angeschlossenen, unvollständigen Sätzen)
	III(SR mit SK ohne Endstellung)
	IV(SR)
Ps 147,14a	I(SR) II(SR mit neuem Subjekt in Endstellung) III(SR)
Ij 3,21a	I(SG plus SR mit *wa*=-PK-KF!) II(SR plus SG mit *kī*-causale)
Ij 9,5a	I(SG negativ-explikativ) II(SG konsekutiv) III(SG konsekutiv)
Ij 30,3a	I II(ES1)
Sir 14,21a(A)	I II(SR) III(SR mit *w˙*=-SK-x)
Sir 48,5(B)	I(ES1) II(SR mit jeweils ES1) III(SR) IV V
Sir 50,22b(B)	I II(SR mit *wa*=-PK-KF!)

70 Sir 49,13b(B); Sir 51,8b(B).

71 Ij 6,16a; der zweite Satz der Reihe hat *šalg* als 1. Sy, verschieden von demjenigen in 16a.

72 Ps 66,9a.

73 Die Tabellenzeile Dt 8,14c I II(RSG) III IV(RSG) bedeutet z.B. viergliedrige AttS-Reihe, wobei der zweite und vierte AttS zugleich Teil eines Relativsatzgefüges ist.

7 Vergleichbare Fügungen

7.1 Relativsätze mit Artikel plus verbum finitum

Neben der gewöhnlichen Relativpartikel *'ášr* können auch Demonstrativa zur Einleitung von Relativsätzen dienen. Belegt sind in dieser Funktion *zā̄*, *zō* und *zū*[74], aber auch der Artikel. Sein ursprünglicher Charakter als Demonstrativelement wird allgemein von den Grammatikern anerkannt[75].

Folgende Belege stehen zur Diskussion[76]:

(1)	Gen 18,21c	*ha=k˙=ṣaʻáqat-a=h*
	Gen 18,21cR	*ha=bāʼā ʼil-ay=[y]*
	Gen 18,21c	*ʻaśū kalā*
(2)	Gen 21,3a	*wa=yiqrā(ʼ) ʼBRHM ʼat šim bin=ō*
	Gen 21,3aR1	*ha=nōlad l=ō*
	Gen 21,3aR2	*ʼášr yaládā l=ō ŚRH*
	Gen 21,3a	*YṢḤQ*
(3)	Gen 46,27b	*kul[l] ha=napš l˙=bēt Yʻ QB*
	Gen 46,27bR	*ha=bāʼā MṢR-aym-a-h*
	Gen 46,27b	*šábʻīm*
(4)	Jos 10,24c	*wa=yō(ʼ)mir ʼil qáṣinē ʼanášē ha=milḥamā*
	Jos 10,24cR	*ha=halákū(ʼ) ʼitt=ō*
	Jos 10,24d	*qirbū*
(5)	1Kön 11,9a	*wa=yitʼannap YHWH b˙=ŠLMH*

[74] Die Belege sammelt KÖ III, §51.

[75] Vgl. G-K, §35a; JO, §35a; KÖ I, §16; MEYER I, §32, verweist auf die Demonstrativpronomina *hādā* (arabisch) und *hādēn* (syrisch). Noch nicht begegne *hā* als Determinativ im Ugaritischen, dagegen verwende es das Phönizische zunehmend. Im Moabitischen werde es wie im Hebräischen gebraucht. B-L, §31a, führt den Gebrauch des Elementes *hā* als Artikel in altnordarabischen Inschriften (Ṣafatenisch, Liḥjanisch und Thamudenisch) auf. Vgl. auch HAL, 225.

[76] Nicht unter die Belege aufgenommen wurde 1Sam 9,24a *wa=yarim ha=ṭabbāḥ ʼat ha=šōq w˙=ha=ʻal-ē=ha*, weil es nach dem Artikel kein finites Verbum zeigt. Es wäre der einzige Relativsatz mit Artikel, der nominale Struktur aufweist. Der Text ist jedoch zweifelhaft. Vermutlich muß *w˙=ha=ʼalyā* gelesen werden. So G-K, §138k, KÖ III, §52 und HAL, 53.

	1Kön 11,9b	*kī naṭā libab=ō mi[n]=ʿim[m] YHWH*
		*ʾilō*hē YŚRʾL*
	1Kön 11,9bR	*ha=nirʾā ʾil-a(y)=w paʿmaym*
(6)	Jes 51,10a	*hā=lō(wʾ) ʾatt hī(ʾ)*
	Jes 51,10b	*ha=maḥribt yam[m] mē tihōm rabbā*
	Jes 51,10c	*ha=śāmā maʿmaq⊕ē yam[m] dark*
	Jes 51,10cI	*l˙=ʿbur gāʾūlīm*
(7)	Jes 56,3a	*w˙=ʾal yō(ʾ)mir bin ha=nikar*
	Jes 56,3aR	*ha=nilwā ʾil YHWH*
	Jes 56,3aI	*lē=(ʾ)mur*
(8)	Jer 5,13a	*w˙=ha=nabīʾīm yihyū l˙=rūḥ*
	Jer 5,13b	*w˙=ha=dibbir ʾēn ba=him*
(9)	Ez 26,17c	*ʾē-k ʾabadt nōšabt miy=yammīm*
	Ez 26,17cV	*ha=ʿīr*
	Ez 26,17cVR1	*ha=hullalā*
	Ez 26,17cVR2	*ʾašr hayātā ḥazaqā b˙=[h]a=yam[m]*
		*hī(ʾ) w˙=yō*šibē=ha*
	Ez 26,17cVR2R	*ʾašr natanū ḥittīt-a=m l˙=kul[l] yōšibē=ha*
(10)	Ij 2,11a	*wa=yišmaʿū šalušt riʿē ʾYWB*
		ʾat kul[l] ha=raʿ[ʿ]ā ha=zō(ʾ)t
	Ij 2,11aR	*ha=bāʾā ʿal-a(y)=w*
(11)	Rut 1,22a	*wa=tašub NʿMY w˙=RWT ha=MWʾB-ī*y⊕ā*
		kallat-a=h ʿimm-a=h
	Rut 1,22aR	*ha=šābā miś=śadē MWʾB*
(12)	Rut 2,6c	*naʿrā MWʾB-ī*y⊕ā hī(ʾ)*
	Rut 2,6cR	*ha=šābā ʿim[m] NʿMY miś=śadā̈ MWʾB*
(13)	Rut 4,3a	*wa=yō(ʾ)mir l˙=[h]a=gō*ʾil*
	Rut 4,3b	*ḥilqat ha=śadā̈*
	Rut 4,3bR1	*ʾašr l˙=ʾaḥī=nū l˙=ʾLYMLK*
	Rut 4,3b	*makārā NʿMY*
	Rut 4,3bR2	*ha=šābā miś=śadē(h) MWʾB*
(14)	Dan 8,1a	*b˙=šanat šalōš l˙=malkūt BLʾŠṢR ha=malk*
		ḥazōn nirʾā ʾil-ay=[y] ʾanī DNYʾL
	Dan 8,1b	*ʾaḥ⊕arē ha=nirʾā ʾil-ay=[y] b˙=[h]a=taḥillā*

(15)	Dan 9,26c	*w˙=ha=ʿīr w˙=ha=qudš yašḥīt ʿam[m] nagīd*
	Dan 9,26cR	*ha=bā(ʾ)*
(16)	Esr 8,25a	*wa=ʾišqu(w)l-a(h) la=him ʾat ha=kasp*
		*w˙=ʾat ha=zahab w˙=ʾat ha=kilīm tȧrūmat bēt ʾilō*hē=nū*
	Esr 8,25aR	*ha=hirīmū ha=malk w˙=yō*ʿiṣ-a(y)=w*
		w˙=śar[r]-a(y)=w w˙=kul[l] YŚRʾL ha=nimṣaʾīm
(17)	Esr 10,14a	*yiʿmudū nā(ʾ) śar[r]ē=nū l˙=kul[l] ha=qahal*
	Esr 10,14b	*w˙=kul[l]*
	Esr 10,14bR	*ʾȧšr b˙=ʿārē=nū*
	Esr 10,14bRR	*ha=hō*šīb našīm nukrī*y⊕ōt*
	Esr 10,14b	*yabō*(ʾ) l˙=ʿittīm m˙zummanīm*
(18)	Esr 10,17a	*wa=y˙kallū b˙=[h]a=kul[l] ʾȧnašīm*
	Esr 10,17aR	*ha=hō*šībū našīm nukrī*y⊕ōt*
		ʿad yōm ʾȧḥ⊕ad l˙=[h]a=ḥudš ha=rī(ʾ)šōn
(19)	1Chr 26,28aP	*w˙=kul[l]*
	1Chr 26,28aPR	*ha=hiqdīš ŠMWʾL ha=rō*ʾä w˙=ŠʾWL bin QYŠ*
		w˙=ʾBNR bin NR w˙=YWʾB bin ṢRWYH
	1Chr 26,28a	*kul[l] ha=maqdīš ʿal yad ŠLMYT w˙=ʾȧḥ⊕-a(y)=w*
(20)	1Chr 29,8	*w˙=ha=nimṣā(ʾ) ʾitt=ō ʾȧbanīm*
		natȧnū l˙=ʾōṣar bēt YHWH ʿal yad YḤYʾL ha=GRŠN-ī
(21)	1Chr 29,17e	*w˙=ʿitt-a(h) ʿamm=ka*
	1Chr 29,17eR	*ha=nimṣȧʾū pō(h)*
	1Chr 29,17e	*raʾītī b˙=śimḥā*
(22)	2Chr 1,4a	*ʾȧbal ʾȧrōn ha=ʾilō*hīm hiʿlā DWYD miq=QRYT YʿRYM*
	2Chr 1,4b	*b˙=[h]a=hikīn l=ō DWYD*
	2Chr 1,4c	*kī naṭā l=ō ʾuhl b˙=YRWŠLM*
(23)	2Chr 29,36a	*wa=yiśmaḥ YḤZQYHW w˙=kul[l] ha=ʿam[m]*
	2Chr 29,36b	*ʿal ha=hikīn ha=ʾilō*hīm l˙=[h]a=ʿam[m]*
	2Chr 29,36c	*kī b˙=pitʾ-um hayā ha=dabar*

Nur ein geringer Teil der Relativsätze hat vom Konsonantentext her eindeutig verbum finitum: (4), (16), (18), (21) mit SK/3mp/ im G-, N- oder H-Stamm; (17), (19), (22) und (23) mit SK/3ms/ im H-Stamm. Die Punktation und die Akzentuierung der Tiberer legt jedoch auch in den übrigen Fällen die Formen als Verba finita fest. Letztere könnten unvokalisiert als Partizipien gelesen werden. BH^t hat in der Satzabgrenzung konsequent die Masora beachtet. Lediglich in (6) wurde gegen den Akzent der Masora *śā́mā* als Partizip angesetzt und in der Satzbezeichnung entsprechend kein R notiert. Die Struktur verlangt Parallelität zwischen 10b und 10c. Außerdem ergäbe sich eine für den Relativsatz sonst nur selten beobachtete Fernstellung zum Bezugswort.

Nur am Akzent liegt die Festlegung auf SK/3fs/ vs. Ptz/fsa/ bei Formen der Verba mediae vocalis *Bō'* ((1), (3), (10) und (15)), *ŠūB* ((11), (12), (13)) und *ŚīM* ((6)). Eine Konsequenz im Vorgehen der Masoreten ist nur schwer zu erkennen. Auch die Akzentuierung der Vorzeitigkeit der jeweils ausgedrückten Sachverhalte scheint nicht immer den Ausschlag für die Bevorzugung der finiten Form gegeben zu haben[77]. (9) könnte mit Akzent auf der Ultima als Dp-Ptz/fsa/ verstanden werden entsprechend der Erscheinung, daß Passiv-Partizipien des D-Stamms auch ohne das Mem-Augment gebildet werden können[78].

Vokalzeichen geben in folgenden Fällen den Ausschlag: Lesung *ā̈* statt *ā* bei N-Ptz in (5), (7) und (14). Es handelt sich um Verba III *Y*. Durch Setzung von Qameṣ statt Segol legen die Masoreten die SK fest. Pataḥ statt Qameṣ zeigt SK vs. Ptz in (2) an. Nicht entschieden ist durch die Masora die Opposition SK vs. Ptz in (20). BH^t versteht die Form offenbar als Partizip und nimmt die AnnV *w˙=ha=nimṣā(')* *'itt=ō* *'ȧbanīm* als 1. Sy zu dem P *natȧnū*. Möglich ist auch ein Korrelativsatz mit SK[79].

Ein textkritisch schwieriger Fall ist (8). Die nach dem Atk stehende

---

77 JO, §145e, weist zurecht auf diesen Aspekt hin. Tatsächlich sind die als verba finita akzentuierten Formen vorzeitigen Sachverhalten zugeordnet. Besonderes Interesse verdient Gen 46,26aP *kul[l] ha=napš ha=bā'ā l=Y'QB MṢR-aym-a-h* ..., das unmittelbar vor Gen 46,27b, Beleg (3), steht und trotz scheinbar gleicher Aspektverhältnisse als Partizip erscheint. Vgl. MACDONALD, (1996-97) 213f, der auch hier eine differenzierende Absicht der Masoreten begründet.

78 Vgl. die nicht sehr zahlreichen Belege bei G-K, §52s.

79 Daß es sich nur um N-SK handeln kann, wie G-K, §138i (Druckfehler in der vierten Zeile des Absatzes: 2Chr 29,8 statt richtig 1Chr 29,8) behaupten, ist nicht einsichtig.

Form kann D-SK/3ms/ oder auch Nominalform sein. BH^{t} setzt Nominalform an. Dagegen spricht, daß *dibbir* als Substantiv hapax legomenon ist, und der Nominaltypus qattil bzw. qittil sonst nur Adjektive ganz bestimmten Inhalts bildet[80]. Geht man von einer D-SK aus, muß *w˙=* *ha=dibbir* als eigener Satz, nämlich Subjektsatz angesetzt werden. Das ganze bleibt inhaltlich sehr problematisch. Gegen die Vokalisierung des Petersburgensis wird also *dabar* zu lesen sein[81].

Es bleiben als sichere Belege für Atk + finites Verb: (4), (16)-(19), (21)-(23). Von diesen acht Belegen entstammen sieben den Büchern Esra und Chronik, gehören also eher später Sprache an[82]. Die Belege beziehen sich sämtlich auf eine determinierte Wortgruppe, mit der sie in Kontaktstellung stehen. Dabei ist im Gegensatz zu den AttS der Artikel auf Relativsatzebene nicht immer 1. Sy: In (16) nimmt er die Position des 2. Sy ein. Diese Differenz ist ein bedeutsamer Unterschied zwischen beiden Funktionen.

Zu beachten ist schließlich, daß (14), (22) und (23) keine Relativsätze sind, sondern Syntagmasätze, genauer, C-Sätze (temporal, lokal und kausal). Sie sind deshalb nicht durch ein R bei der Stellenangabe markiert. *ha=* ist dabei im Rahmen einer Konjunktionskombination jeweils mit einer Präposition verbunden: *ʾaḥ⊕arē*, *b˙=* und *ʿal*. Wie *ʾăšr* kann also *ha=* in Kombination mit verschiedenen Präpositionen konjunktionale Funktionen wahrnehmen[83].

---

80 Vgl. B-L, §61bγ. Neben Mängeladjektiven noch Zahlwort-Ableitungen zur Bezeichnung der Nachfahren verschiedenen Grades: Vgl. Ex 20,5d *pō*qid ʿȧwō*n ʾabō*t ʿal banīm ʿal šillišīm w˙=ʿal ribbiʿīm l˙=śō*ni̇ʾ-ay=[y]*. Zur Semantik der Nominalform *qittil* vgl. auch RECHENMACHER, (1994) 189-190.

81 Vgl. den Vorschlag im Apparat von BHS, der sich auf eine Handschrift (*dabar*) sowie die LXX mit καὶ λόγος κυρίου stützen kann.

82 Eine bestimmte Sprachentwicklung wird man damit nicht in Verbindung bringen dürfen. Das verbietet schon die geringe Zahl der Belege sowie die Samuelstelle. Das Hebräisch der Mischna kennt eigentümlicherweise den Artikel vor finitem Verbum als Relativpartikel überhaupt nicht. Vgl. SEGAL, (1927) 182 Anm. 1. D.h., es läßt sich bezüglich des Gebrauchs des Artikels vor verbum finitum keine Linie vom späten Biblisch-Hebräisch zu einer noch späteren Sprachstufe ziehen.

83 Vgl. auch die Konjunktion *kī* in den Konjunktionskombinationen *yaʿn kī*, *ʿad kī*, *ʿal kī*, *ʿiqb kī* und *taḥt kī*.

Für die Frage des AttS ergibt sich folgendes: Der Artikel bzw. das Element *ha=*, das meist als Artikel fungiert, nimmt auch andere Funktionen wahr: Es ist Demonstrativum in Verbindung mit bestimmten Tempussubstantiven, *ha=yōm*, *ha=laylā*, *ha=paʿm*, *ha=šanā*. Aufgrund dieses demonstrativen Charakters kann *ha=* vor einem finiten Verbum auch Relativsätze einleiten. Vor einem Partizip in einem AttS hat es gleichfalls die Funktion, auf eine Bezugs-NG zu verweisen[84]. Allerdings ist die Bindung an dieselbe lockerer: Das zeigen die häufigen Fälle von Fernstellung. Eine weitere Differenz zum Relativsatz ergibt sich aus der Tatsache, daß *ha=* im AttS nicht das 2. Sy, sondern immer nur das erste repräsentieren kann. Die Tatsache, daß alle Belege zu *ha=* + verbum finitum Bezug auf eine determinierte Nominalgruppe zeigen, kann aufgrund ihrer geringen Häufigkeit nicht ausgewertet werden.

7.2 Relativsätze mit ʾăšr/ša= plus Partizip

Die Belege, die ein Suchlauf mit der Selektionsbedingung RPron an Erstposition und zugleich Partizip an Zweitposition erbringt, zeigen nach Ausscheidung jener Sätze, in denen das Partizip sekundär substantiviert

[84] Diese dreifache Funktionspotenz von *ha=* als Demonstrativum wird richtig erkannt von HAL, 226, und zuvor schon von G-B, 171. HAL, 226, gliedert den Abschnitt zu *ha=* in zwei Teile, wobei II. die Funktion als bestimmter Artikel behandelt, während I. zunächst (1.) die Funktion als Demonstrativum belegt, in Artikelverbindungen wie *ha=yōm* (Gen 4,14a), *ha=paʿm* (Ex 9,27d), *ha=laylā* (Gen 19,34d) und *ha=šanā* (Jer 28,16c); dann (2.) als Relativpartikel und schließlich (3.): "vor Partizip als Apposition". Zitiert wird Gen 49,21 mit Übersetzung "der da gibt", Am 2,7 "die da schöpfen"; ferner im hymnischen Stil Ps 19,11 "sie die", Ps 33,15 "er der". G-B, 171, beschreibt die dritte Funktionsmöglichkeit als den Fall, daß *ha=* mit einem Partizip "sich als neues Glied auf ein entfernteres Nomen bezieht." Das Phänomen des AttS ist also im Prinzip in beiden Wörterbüchern richtig erkannt, wenn die Funktion *ha=* vor dem Partizip neben seiner Funktion als Relativpronomen eingeordnet wird und nicht beim Artikel. Allerdings ist die Bestimmung als Apposition in HAL nicht zutreffend, weil die in Frage stehenden Partizipien gerade nicht als Substantiva fungieren, sondern nach ihrem verbalen Charakter. Außerdem bleibt dabei Disgruenz in der Determination in den vielen Belegen mit indeterminierter Bezugs-NG unberücksichtigt. Bei G-B ist die unzulässige Beschränkung auf "ein entfernteres Nomen" zu bemängeln.

ist oder als Prädikat eines vollständigen NS fungiert[85], folgendes Bild[86].

	Gen 7,8a	*min ha=bȧhimā ha=ṭȧhu(w)rā w·=min ha=bȧhimā*
	Gen 7,8aR1	*ʾȧšr ʾēn-an=[h]a(h) ṭȧhurā*
	Gen 7,8a	*w·=min ha=ʿōp w·=kul[l]*
(1)	Gen 7,8aR2	*ʾȧšr rō*miś ʿal ha=ʾȧdamā*
	Gen 7,9v	*šinaym šinaym bāʾū ...*
	Gen 39,22b	*w·=ʾȧt kul[l]*
(2)	Gen 39,22bR	*ʾȧšr ʿō*śīm šam[m]*
	Gen 40,5a	*wa=yiḥlumū ḥ·lōm ... ha=mašqā̄ w·=ha=ʾō*pā̄*
	Gen 40,5aR1	*ʾȧšr l·=malk MṢR-aym*
(3)	Gen 40,5aR2	*ʾȧšr ʾȧsūrīm b·=bēt ha=suhr*
	Num 21,34e	*k·=ʾȧšr ʿaśīta l·=SYḤN malk ha=ʾMR-ī*
(4)	Num 21,34eR	*ʾȧšr yōšib b·=ḤŠBWN*
	1Kön 5,13a	*wa=y·dabbir ʿal ha=ʿiṣīm min ha=ʾarz*
	1Kön 5,13aR1	*ʾȧšr b·=[h]a=LBNWN*
	1Kön 5,13a	*w·=ʿad ha=ʾizōb*
(5)	1Kön 5,13aR2	*ʾȧšr yō*ṣē(ʾ) b·=[h]a=qīr*
	2Kön 7,17a	*w·=ha=malk hipqīd ʾat ha=šalīš*
(6)	2Kön 7,17aR	*ʾȧšr nišʿan ʿal yad=ō*
	2Kön 7,17a	*ʿal ha=šaʿr*
	Jes 11,10bP	*šurš YŠY*
(7)	Jes 11,10bPR	*ʾȧšr ʿō*mid l·=nis[s] ʿammīm*
	Jes 11,10b	*ʾil-a(y)=w gōyī*m yidrušū*
	Jer 38,16e	*w·=ʾim ʾittin=ka b·=yad ha=ʾȧnašīm ha=ʾil⊕ā̄*
(8)	Jer 38,16eR	*ʾȧšr m·baq[qi]šīm ʾat napš-i=ka*
	Ez 9,2a	*w·=hinni(h) šiššā ʾȧnašīm bāʾīm mid=dark šaʿr ha=ʿilyōn*
(9)	Ez 9,2aR	*ʾȧšr mupnā̄ ṣapōn-a-h*

[85] Substantivierung: Gen 39,20bR *ʾȧšr ʾȧsūrē ha=malk ʾȧsūrīm*; Jes 23,8aR1 *ʾȧšr sō*ḥirē(h) śar[r]īm*; Sach 11,5vR *ʾȧšr qō*nē=hin[n] yihrugū*-n*; vollständiger NS: Jes 49,7dR1 *ʾȧšr niʾman qȧduš YŚRʾL* (mit Ptz > Adj).

[86] Die Stellen sind vollständig aufgeführt mit Ausnmahme von Dt 1,4vRIR1.4vRIR2; Dt 3,2eR; Dt 4,46vRR1, mit stereotypem *ʾȧšr yōšib b·*=ON entsprechend dem zitierten Num 21,34eR. In Jes 30,24aR *ʾȧšr zō*rā̄ b·=[h]a=raḥt w·=b·=[h]a=mizrā̄* ist wohl statt G-Ptz Gp-SK zu lesen, deshalb wird die Stelle hier nicht berücksichtigt.

	Ez 13,3b	*hōy ʿal ha=nȧbīʾīm ha=nȧbalīm*
(10)	Ez 13,3bR1	*ʾȧšr hō*li̇kīm ʾaḥ⊕ar rūḥ-a=m*
	Ez 13,3bR2	*w˙=l˙=biltī raʾū*
	Ez 43,1a	*wa=yōlī*k-i=nī ʾil ha=šaʿr šaʿr*
(11)	Ez 43,1aR	*ʾȧšr pō*nā̈ dark ha=qadīm*
	Ps 115,8a	*k˙-mō=him yihyū ʿō*śē=him kul[l]*
(12)	Ps 115,8aR	*ʾȧšr bō*ṭiḥ ba=him*
	Ps 133,2a	*k˙=[h]a=šamn ha=ṭōb ʿal ha=rō(ʾ)š*
		*yō*rid ʿal ha=zaqan zȧqan ʾHRN*
(13)	Ps 133,2aR	*ša=yō*rid ʿal pī middōt-a(y)=w*
	Ps 133,3a	*k˙=ṭal[l] ḤRMWN*
(14)	Ps 133,3aR	*ša=yō*rid ʿal harȧrē ṢYWN*
	Ps 135,1c	*hal[li̇]lū*
	Ps 135,1cV	*ʿabȧdē YHWH*
(15)	Ps 135,2vR	*ša=ʿō*mi̇dīm b˙=bēt YHWH b˙=ḥaṣi̇rōt bēt ʾi̇lō*hē=nū*
	Ps 135,18a	*k˙-mō=him yihyū ʿō*śē=him kul[l]*
(16)	Ps 135,18aR	*ʾȧšr bō*ṭiḥ ba=him*
	Koh 4,1b	*wa=ʾirʾā̈ ʾat kul[l] ha=ʿȧšū*qīm*
(17)	Koh 4,1bR	*ʾȧšr ni̇ʿśīm taḥt ha=šamš*
	Koh 8,14b	*ʾȧšr yiš ṣaddīqīm*
(18)	Koh 8,14bR	*ʾȧšr maggīʿ ʾi̇l-ē*=him k˙=maʿśē(h) ha=rȧšaʿīm*
	Koh 8,14c	*w˙=yiš rȧšaʿīm*
(19)	Koh 8,14cR	*ša=maggīʿ ʾi̇l-ē*=him k˙=maʿśē(h) ha=ṣaddīqim*
	Koh 9,12a	*kī gam lō(ʾ) yidi̇ʿ ha=ʾadam ʾat ʿitt=ō k˙=[h]a=dagīm*
(20)	Koh 9,12aR	*ša=niʾḥazīm b˙=mȧṣōdā raʿ[ʿ]ā*
	Koh 9,12a	*w˙=k˙=[h]a=ṣippu̇rīm ha=ʾȧḥū*zōt b˙=[h]a=paḥ[ḥ]*
	Koh 10,5b	*k˙=šȧgagā*
(21)	Koh 10,5bR	*ša=yō*ṣ[i̇ʾ]ā(ʾ) mil=l˙=pȧnē ha=šallīṭ*
	Est 8,8c	*kī k˙tāb*
(22)	Est 8,8cR1	*ʾȧšr niktab b˙=šim ha=malk*
(23)	Est 8,8cR2	*w˙=ni̇ḥtōm b˙=ṭabbaʿt ha=malk*
	Est 8,8c	*ʾēn*
	Est 8,8cI	*l˙=hašīb*

	Dan 9,11c	*wa=tittak ʿal-ē=nū ha=ʾalā w˙=ha=šȧbū*ʿā*
(24)	Dan 9,11cR	*ʾȧšr kȧtūbā b˙=tōrat MŠH ʿabd ha=ʾilō*hīm*
	2Chr 34,10b	*wa=yittinū ʾō*t=ō ʿōśē ha=mȧlā(ʾ)kā*
(25)	2Chr 34,10bR	*ʾȧšr ʿō*śīm b˙=bēt YHWH*
	2Chr 34,10bI1	*l˙=bdu(w)q*
	2Chr 34,10bI2	*w˙=l˙=ḥazziq ha=bayt*

In den meisten Fällen handelt es sich um Relativsätze mit Anschluß an eine NG-det in Kontaktstellung ohne weitere satzsyntaktische Einbindung: (4) (samt den in der obigen Anmerkung notierten Parallelbelegen), (5)-(9), (17), (20), (24) und (25). (1), (2), (12) und (16) schließen an *kul[l]* an, wobei in (2) das RPron eine Verweisfunktion hat, die eine Austauschprobe mit Artikel eindeutig negativ ausfallen lassen würde. Es verweist auf eine NG, die im Relativsatz das 2. Sy darstellt[87]. In dieser Funktion würde eine Austauschprobe mit Artikel eindeutig negativ ausfallen. Anschluß an eine NG-det (nicht *kul[l]*) haben (3), (18), (19), (21)-(23). (11) gehört nur hier her, wenn *šaʿr* nicht dittographische Verschreibung sein sollte, was LXX, Peš und Vulg wahrscheinlich machen. (18), (19) verdienen insofern besondere Beachtung, als das RPron wieder Verweisfunktion wahrnimmt auf eine NG, die im Relativsatz nicht 1. Sy, sondern merkmalhaftes Sy (in diesem Fall das 6.) Sy darstellt, und durch ePP aufgenommen wird[88].

Für den Vergleich mit den AttS sind nun von besonderem Interesse Belege mit Phänomenen wie Fernstellung, syntaktischer Verflechtung und redetypischen AttS-Kontexten.

(3) ist hier zu nenen, insofern es als zweites Glied einer RS-Reihe von

---

87 Dieses ist nicht ausgedrückt, es fehlt der pronominale Rückverweis (vgl. MEYER III, §115/4c). Das 1. Sy hat syntaktischen Nullwert im Sinne des deutschen "man" vgl. u. S. 71 zu Ex 5,16a.

88 Wenn MEYER III, §115/4a, darauf hinweist, daß *ša=* anders als *ʾȧšr* ein Demonstrativum sei, so ist immerhin zu bedenken, daß es in diesen beiden Belegen wie *ʾȧšr* funktioniert, und anders als die eigentlichen Demonstrativa (*zā̈*, *zō* und *zū* sowie Atk), die diese Konstruktion mit rückweisendem ePP nirgends zeigen.

seiner Bezugs-NG entfernt steht. Allerdings kann solche durch Reihung bedingte Fernstellung kein Kriterium in diesem Zusammenhang sein[89]. Dasselbe gilt für (22)-(23), mit dem Unterschied, daß (23) syndetisch und mit Ersparung des RPron antritt. (13) hat Fernstellung zu seiner Bezugs-NG *ha=šamn ha=ṭōb ʿal ha=rō(ʾ)š* nur wenn man den Text nicht konjiziert (Haplographie des *š* macht eine Konjektur sehr wahrscheinlich!), ansonsten liegt eine Reihe von zwei Relativsätzen vor. (14) knüpft wieder neu an.

(10) ist in zweifacher Hinsicht bemerkenswert: Zum einen handelt es sich um einen Weheruf, also typischen AttS-Kontext, zum anderen ist dem RS ein Verbalsatz subordiniert (neg. explikativ-kompletiv). Auch (15) entstammt einem dem AttS eigenen Redetyp, nämlich Imp (Verb des Lobens) + Vok + AttS. Weitere Gesichtspunkte, wie Fernstellung, komplexe Satzsyntax etc. liegen jedoch nicht vor.

Resümierend kann also festgehalten werden, daß Relativsätze mit *ʾašr/ša=* plus Partizip bezüglich ihrer satzsyntaktisch-kontextuellen Distribution nicht den AttS entsprechen. Durchgängige Kontaktstellung, entspricht vielmehr dem Bild der Relativsätze mit finitem Verb.

7.3 Sätze mit Partizip in Erstposition

Partizipien am Satzanfang (ohne Artikel) können auf Satzebene verschiedene syntaktische Funktionen wahrnehmen. Außer Acht gelassen sind im Folgenden substantivierte Partizipien, die wie jedes Substantiv am Satzanfang 1. und 2. Sy realisieren können[90], ebenso Partizipien als Prädikat am Satzanfang eines NS IV (oder als sekundäres Adjektiv eines NS III), wobei das 1. Sy lexematisch ausgedrückt im Satz folgt. Auch partizipiale Fügungen, die den Charakter von Syntagmasätzen haben, bleiben unberücksichtigt[91]. Ein Sonderfall ist das Pendens als vorange-

---

[89] Vgl. o. S. 32 Anm. 39.

[90] So ist z.B. in 2Sam 22,3d *mō*šī*ʿ=ī* Substantiv, als solches an der Form des ePP/1s/ erkennbar. Der Satz ist wie die vorausgehenden Sätze einpoliger Ausrufesatz.

[91] Nah 1,11a *mim-mi[k]=k yaṣā(ʾ)* (b) *ḥō*šib ʿal YHWH* raʿ[ʿ]ā (c) *yō*ʿiṣ bāliy*⊕aʿ*l*. Kriterium

stelltes Adnominal zum pronominal bzw. morphematisch aufgenommenen jeweiligen Syntagma im zugehörigen Satz[92]. Bereits besprochen wurde die Weitergeltung des *ha=* in einem ES3 aus vollständigem AttS und syndetisch oder asyndetisch anschließendem AttS ohne Artikel[93].

---

für Satzabgrenzung ist die Zweierreihe. Vorgestellt: Ps 91,1a (in Fügung mit Verbalsatz!); Ps 97,10b; problematisch: Jer 17,11a *qō*rē(ʾ) dagar* (b) *w˙=lō(ʾ) yalad* (c) *ʿō*śā̄ ʿušr* (d) *w˙=lō(ʾ) b˙=mišpaṭ* hat wohl *qō*rē(ʾ)* als P und *ʿō*śā̄ ʿušr* als 1. Sy. Dann müßte *dagar* allerdings als RS abgegrenzt werden ("Ein Rebhuhn, das brütet, aber nicht gelegt hat, ist einer der Reichtum schafft, aber nicht mit Recht". BH^{t} geht wohl von einer unpersönlichen Konstruktion in c aus ("Ein Rebhuhn brütet, ohne gelegt zu haben. Einer schafft Reichtum, aber nicht mit Recht"). Die logische Verknüpfung der beiden Sachverhalte wird sprachlich nicht ausgedrückt, sondern vom Hörer aufgrund des Inhalts vollzogen. Ij 12,4 (a) *śūḥq l˙=riʿ-i=hu(w) ʾihyā̄* (b) *qō*rē(ʾ) l˙=ʾilōh* (c) *wa=yiʿn-i=hu(w)* (d) *śūḥ(w)q ṣaddīq tamīm* (als Zitat des "Spottes" ist es vielleicht noch am verständlichsten: "Wer immer zu Gott ruft — Gott wird ihn erhören").

92 Es verdient besondere Erwähnung, weil mehrgliedrige Pendential-Reihen mit partizipialen Fügungen gebildet werden. Sie spielen in gattungsgeschichtlichen Fragen eine wichtige Rolle. Man vergleiche z.B:

Am 4,13a	*kī hinni(h)*
Am 4,13aP1	*yōṣir har[r]īm w˙=bō*rē(ʾ) rūḥ*
Am 4,13aP2	*w˙=maggīd l˙=ʾadam*
Am 4,13b	*mah śē*ḥ=ō*
Am 4,13aP3	*ʿō*śē(h) šaḥr ʿēpā*
Am 4,13aP4	*w˙=dō*rik ʿal bumūtē ʾarṣ*
Am 4,13a	*YHWH ʾilō*hē ṣaba ʾōt šim=ō*

CRÜSEMANN, (1969) 99ff, sieht in solchen Strukturen (ohne *kī hinni(h)*, das ihm sekundär gilt) die Grundform des partizipialen Hymnus (S. 104). Partizipiale Pendentia aus BH^{t}: Gen 9,6aP; Num 35,19aP; Dt 1,36aP; 2Sam 23,3cP; Jes 9,1bP; Jes 33,15P1; Jes 33,15P3; Jes 33,15P4; Jes 33,15P5; Jes 47,4aP; Jer 10,8cP; Jer 31,10dP; Ez 27,22aP; Am 4,13aP1; Am 4,13aP3; Am 5,8aP1; Ps 66,7aP; Ps 101,5aP; Ps 101,6bP; Ps 107,10P112a; Ps 107,23P1; Ps 107,23P2; Ij 41,18aP; Spr 6,32bP; Spr 11,26aP; Spr 11,28aP; Spr 13,3bP; Spr 17,13aP; Spr 17,15aP; Spr 17,21aP; Spr 18,13aP; Spr 20,20aP; Spr 21,13aP; Spr 22,11aP; Spr 23,24bP; Spr 24,8aP; Spr 24,12cP; Spr 24,24aP; Spr 26,27aP; Spr 27,14aP; Spr 28,9aP; Spr 28,10aP; Spr 28,24aP; Spr 28,26aP; Spr 29,12aP; Spr 29,21aP; Koh 10,8aP; Koh 10,9aP; Koh 10,9bP.

93 Die entsprechenden Belege im Überblick: 2Sam 22,34a.35a; Jes 47,13e; Jes 51,9f; Jes 57,5b (?); Mich 3,10a (?); Ps 18,34a.35a; Ps 18,49a; Ps 104,4a.b; Ps 113,7a.9a; Ps 113,9a; Ps 146,7a.b Ps 147,4a (?); Ps 147,9a; Ps 147,17a; Ps 147,19a; Ij 5,12a.13a (?); Ij 9,8a.9.10 (?).

7.3.1 Identität von Subjekt des Vorsatzes und zu ergänzendem Subjekt der Ptz-Fügung

Eine erste Gruppe von Belegen läßt sich formal als elliptische Sätze mit erspartem 1. Sy erklären. Der zur strukturalen Vollständigkeit ergänzte Satz ist NS IV. Es wirkt jeweils das 1. Sy des (nicht immer unmittelbar) vorausgehenden Satzes weiter.

Unproblematisch ist diese Beschreibung bei vorhergehendem NS III und NS IV[94]:

III	Gen 18,11a	*w˙=ʾBRHM w˙=ŚRH zȧqinīm*
(1)	Gen 18,11b	*bāʾīm b˙=[h]a=yamīm*
	Gen 18,11c	*ḥadal*
	Gen 18,11cI	*l˙=hyōt l˙=ŚRH ʾurḥ k˙=[h]a=našīm*
IV	Gen 37,25d	*w˙=hinni(h) ʾurḥat YŠMʿʾL-īm bāʾā mig=GLʿD*
	Gen 37,25e	*w˙=gȧmal⊕ē=him nō*śiʾīm nȧkō(ʾ)t w˙=ṣury wa=luṭ*
(2)	Gen 37,25f	*hōlikīm*
	Gen 37,25fI	*l˙=hōrīd MṢR-aym-a-h*
III	Num 14,18a	*YHWH ʾȧrik ʾappaym*
	Num 14,18b	*w˙=rab[b] ḥasd*
(3)	Num 14,18c	*nō*śē(ʾ) ʿawō*n wa=pašʿ*
	Num 14,18d	*w˙=naqqē(h) lō(ʾ) y˙naqqā̈*
(4)	Num 14,18e	*pō*qid ʿȧwō*n ʾabōt ʿal banīm*
		ʿal šillišīm w˙=ʿal ribbiʿīm
	Hl 2,8aP	*qōl dōd=ī*
IV	Hl 2,8a	*hinni(h) zā̈ bā(ʾ)*
(5)	Hl 2,8b	*m˙dallig ʿal ha=har[r]īm*
(6)	Hl 2,8c	*m˙qappiṣ ʿal ha=gibaʿōt*
	Hl 2,9a	*dōmā̈ dōd=ī l˙=ṣȧby ʾō l˙=ʿupr ha=ʾayyalīm*
IV	Hl 2,9b	*hinni(h) zā̈ ʿōmid ʾaḥ⊕ar kutl-i=nū*
(7)	Hl 2,9c	*mašgīḥ min ha=ḥȧllō*nōt*
(8)	Hl 2,9d	*miṣīṣ min ha=ḥ˙rak⊕īm*

---

[94] Die elliptischen Sätze werden mit den Ziffern in runden Klammern gezählt. Mit römischen Zahlen wird bei den Nominalsätzen, dessen 1. Sy im folgenden elliptischen Satz erspart ist, der Typus angegeben.

Bei vorhergehendem NS IV wird dem Subjekt eine weitere Aktion prädiziert, die mit der im vollständigen Satz ausgedrückten sich zu einer Gesamthandlung ergänzt: In (2) "Tragen", "Gehen"; in (5), (6) "Kommen", "Springen", "Hüpfen"; in (7), (8) "Stehen", "Blicken", "Spähen". Bei NS III liegt funktional eine Verschiebung vor: Weniger die Aktion als die Qualität, die dem Subjekt aufgrund der Aktion eignet, wird ausgedrückt: *Bō' b˙=[h]a=yamīm* in (1) entspricht idiomatisch dem Adjektiv *zaqin*. (3) und (4) ergänzen die beiden vorausgehenden Aussagen (der zweite NS III ist bereits elliptisch), qualifizierende Aktionen, affirmativ (3), kontrastiv (4). Die Weiterwirkung des Subjekts Jahwe wird durch den mit (3) verknüpften negativen Kompletivsatz nicht gestört[95].

Nur selten finden sich NS II mit folgendem elliptischem NS IV. Ein Beispielbeleg:

II	2Kön 15,5d	*w˙=YWTM bin ha=malk ʿal ha=bayt*
(1)	2Kön 15,5e	*šō*piṭ* **'at ʿam**[m] *ha=*'**arṣ**

Auch hier ergänzen sich beide Prädikate zu einem Gesamtsachverhalt. Die Weiterwirkung auf den zweiten Satz ist deutlich[96].

Erhebliche Schwierigkeiten für die Festlegung der Satzgrenzen sowie die syntaktische Bewertung bereiten Belege, in denen der elliptische Partizipialsatz auf einen NS I oder VS folgt.

Bei den ersteren sind klassifizierende (NS I.2) relativ selten:

---

[95] Belege mit NS III: Gen 18,11b; Ex 15,11c.d (Passiv-Ptz > Adj!); Num 14,18c.e; 1Kön 4,20b.c; Jes 50,10b; Jer 46,5c; Jer 50,42f (NS III in 42b, 1. Sy in c und e erspart und bis f wirksam; beachte allerdings Numerusdisgruenz!); Ez 32,23c; Ez 32,26d (Dp-Ptz/cmp/); Ps 19,8b.d; Ps 19,9b.d; Ps 19,10b; Ps 111,2b (Gp-Ptz); Hl 5,10b (Gp-Ptz); Est 10,3d.e (1.Sy aus 3a (PN) wirkt weiter in den elliptischen Sätzen 3b.c, die NS III entsprechen); NS IV: Gen 37,25f; Ex 25,20b; Ex 37,9b; Dt 21,20b.c.e.f; Dt 32,34b; 1Sam 2,6b.c; 1Sam 2,7b.c.d; 1Sam 2,8a; 2Kön 4,32c; Jes 45,19e; Jes 53,5b; Jes 61,8b; Jer 11,20b; Jer 17,10b; Jer 20,12b; Jer 23,17a (wenn Bezug auf 16c ?); Jer 46,5c; Ez 21,33f; Hos 5,11b (Gp-Ptz); Zef 3,1a (Gp-Ptz; vollständiger Satz folgt nach!); Mal 3,19b; Ps 22,10b; Ps 68,7b; Ps 112,7c (Gp-Ptz); Ps 147,6b; Spr 17,18b; Spr 21,12b; Hl 2,8b.c; Hl 2,9a.c.d; Koh 1,6a.c.d; Klgl 1,11b; Dan 9,21c.

[96] Weitere Belege: Ps 22,15d (N-Ptz); Ps 45,15c (Hp-Ptz); Ps 119,89b (N-Ptz); Spr 15,3b; Hl 4,4b (Gp-Ptz); 2Chr 26,21e.

I.2	Gen 49,14a	*YŚŚKR ḥi̇mō*r garm*
(1)	Gen 49,14b	*rō*biṣ bēn ha=mišp˙taym*
I.2	Ex 20,5c	*kī ʾanō*kī YHWH ʾi̇lō*hē=ka ʾil qannā(ʾ)*
(2)	Ex 20,5d	*pō*qid ʿȧwō*n ʾabō*t ʿal banīm ʿal šillišīm*
I.2	Jes 40,28c	*ʾi̇lō*hē ʿōlam YHWH*
(3)	Jes 40,28d	*bōrē(ʾ) qȧṣōt ha=ʾarṣ*
	Jes 46,9a	*zikrū rī(ʾ)šō*nōt mi[n]=ʿōlam*
I.2	Jes 46,9b	*kī ʾanō*kī ʾil*
	Jes 46,9c	*w˙=ʾēn ʿōd*
	Jes 46,9d	*ʾi̇lō*hīm*
	Jes 46,9e	*w˙=ʾaps ka-mō=nī*
(4)	Jes 46,10a	*maggīd mi[n]=rē(ʾ)šīt ʾaḥrīt*
	Jes 46,10b	*w˙=miq=qadm*
	Jes 46,10c	*ʾȧšr lō(ʾ) ni̇ʿśū*
(5)	Jes 46,10d	*ʾō*mir*
	Jes 46,10e	*ʿi̇ṣat=ī taqūm*
	Jes 46,10f	*w˙=kul[l] ḥipṣ=ī ʾiʿśā̄*

Für (1) ist auch eine AttV denkbar: CsV *ḥi̇mō*r garm* und AnnV *rō*biṣ bēn ha=mišp˙taym* haben Kontaktstellung und gleichen Determinationsgrad. Aus Gründen der poetischen Struktur und wegen der Eigenständigkeit beider Prädikationen darf die Aufteilung in zwei Teilsätze eines ES als wahrscheinlicher gelten.

In (2) hat BH^{t} die Satzgrenze nach dem Prinzip gezogen, daß eine indeterminierte NG vorzugsweise als P fungiert[97]. Die Abtrennung der partizipialen Fügung von *ʾil qannā(ʾ)* (vs. Anbindung im Rahmen einer rekursiven AttV aus AttV + AnnV) stützt sich wohl auf deren semantisches und syntaktisches Eigengewicht (beachte auch die Quantität der dann vorliegenden AnnV). Semantisch ist die Parallelisierung der beiden Sätze klar: Die Klassifizierung *ʾil qannā(ʾ)* entspricht einer Qualifizierung

[97] Eine Fassung mit sPP als S und *YHWH ʾi̇lō*hē=ka* als P läge aus Gründen der Redetypik nahe. Allerdings müßte dann *ʾil qannā(ʾ)* als Adnominal untergebracht werden. ZIMMERLI, (1963) 37f, läßt die Frage für diese Stelle offen. Der Satz stelle eine erweiterte Selbstvorstellungsformel dar, dessen syntaktisches Gefüge vielleicht schon gesprengt sei.

durch *qannā(ʾ)*. Daran fügt sich (2) ebenso wie Num 14,18c.e an den Vorsatz mit adjektivischem P.

Bei (3) spricht schon die Sperrstellung des GN gegen eine AttV. In allen drei Fällen ist die Weiterwirkung des Subjekts auf den zweiten Satz deutlich[98].

(4) und (5) schließen an einen NS I.2 an. *ʾil* bzw. *ʾi̇lō*hi̅m* können im vorliegenden Kontext nicht determiniert sein. Der Großsatz 9b-e, eine doppelte Restriktions- oder Ausschließlichkeitsaussage[99], kann nur verstanden werden als ES aus zwei ES. *ʾil* bzw. *ʾi̇lō*hi̅m* ist im je folgenden negierten NS II erspart und bindet b.c und d.e zusammen, wobei *ʾil* bzw. *ʾi̇lō*hi̅m* sinnvollerweise nur Appellativum, nicht aber GN sein kann. sPP aus 9b wiederum ist in 9d erspart. Ob dieses sPP des ES 9b-d auch noch in (4) und (5) im strengen Sinne einer Kontexttilgung fortwirken kann, ist fraglich. Alternativ können (4) und (5) als einpolige Sätze beschrieben werden, die struktural zur zweipoligen Prädikationsstruktur ergänzt werden können.

Es folgen Belege mit NS I.1:

I.1	Dt 7,9b	hū(ʾ) ha=ʾi̇lō*hi̅m ha=ʾil ha=niʾman
(1)	Dt 7,9c	šō*mir ha=bˑri̅t wˑ=ha=ḥasd lˑ=ʾō*hi̇b-a(y)=w
		wˑ=lˑ=šō*mi̇rē miṣwō*t-a=w lˑ=ʾalp dōr
(2)	Dt 7,10a	wˑ=mˑšallim lˑ=śō*ni̇ʾ-a(y)=w ʾil pan-a(y)=w
	Dt 7,10aI	lˑ=haʾbi̅d=ō
	Dt 10,17a	ki̅
	Dt 10,17aP	YHWH ʾi̇lō*hē=kim
I.1	Dt 10,17a	hū(ʾ) ʾi̇lō*hē ha=ʾi̇lō*hi̅m wˑ=ʾȧdō*nē ha=ʾȧdō*ni̅m
		ha=ʾil ha=gadul ha=gibbō*r wˑ=ha=nōrā(ʾ)
	Dt 10,17aR1	ʾȧšr lō(ʾ) yiśśā(ʾ) pani̅m
	Dt 10,17aR2	wˑ=lō(ʾ) yiqqaḥ šuḥd
(3)	Dt 10,18a	ʿō*śā̄ mišpaṭ yatōm wˑ=ʾalmanā
(4)	Dt 10,18b	wˑ=ʾō*hib gē*r

[98] Weitere Belege: Ex 32,16c (Gp-Ptz); Dt 5,9d; 1Kön 7,24d par. 2Chr 4,3d; Jes 61,8b; Jer 51,7b; Ez 30,11b (Hp-Ptz); Ez 43,16b (Hp-Ptz); Ps 12,7c (Dp-Ptz); Ps 111,8a.b (Gp-Ptz); Spr 6,13a-14b; Spr 8,30b-31a (/1s/-Morphem in 30a wirkt als Subjekt weiter); Spr 20,27b.

[99] Vgl. zur Struktur RECHENMACHER, (1994) 63.

	Dt 10,18bI	*la=ti[t]t l=ō laḥm w˙=śimlā*
	Jes 48,17a	*kō(h) ʾamar YHWH gō*ʾi̇l=ka qȧdu(w)š YŚRʾL*
I.1	Jes 48,17b	*ʾȧnī YHWH ʾi̇lō*hē=ka*
(5)	Jes 48,17c	*m˙lammid=ka*
	Jes 48,17cI	*l˙=hōʿīl*
(6)	Jes 48,17d	*madrīk=ka b˙=dark*
	Jes 48,17dR	*tilik*
I.1	Ez 16,45a	*bi̇[t]t ʾimm-i=k ʾatt*
(7)	Ez 16,45b	*gōʿilt ʾīš-a=h w˙=banē=ha*
	Ez 16,45c	*w˙=ʾȧḥōt ʾȧḥōt-i=k ʾatt*
	Ez 16,45cR	*ʾȧšr gaʿ˙lū ʾanȧšē=hin[n] w˙=bȧnē=hin[n]*
	Joel 4,17a	*w˙=yȧdaʿtim*
I.1	Joel 4,17b	*kī ʾȧnī YHWH ʾi̇lō*hē=kim*
(8)	Joel 4,17c	*šō*kin b˙=ṢYWN har[r] qudš=ī*
	Joel 4,17d	*w˙=hayȧtā YRWŠLM qudš*
	Joel 4,17e	*w˙=zārīm lō(ʾ) yi̇ʿbȯrū b-a=h ʿōd*

Das Hauptproblem bei der Beschreibung dieser Komplexe neben der Frage der Satzabgrenzung ist die Tatsache, daß offenbar als Ausdrucksfunktion sowohl eine "relativ" eigenständige Aussage als auch attribuierender Charakter — vergleichbar mit Relativsatz und Attributsatz — in Frage kommt.

Am deutlichsten wird diese Alternative anhand der ePP in (7) und (8). Während in (7) der Ptz-Satz auf die 3. Person umschaltet, wie dies auch bei AttS und RS zu erwarten wäre, behält (8) die 1. Person des Vorsatzes bei. (8) kann also durch das Subjekt des Vorsatzes zu *ʾȧnī šō*kin b˙=ṢYWN har[r] qudš=ī* ergänzt werden, nicht aber (7) zu *ʾatt gōʿilt ʾīš-a=h w˙=banē=ha*. Ez 16,45c mit cR zeigt vielmehr sehr genau, daß die Ausdrucksfunktion tatsächlich mit einem Relativsatz kongruiert[100].

[100] Entsprechend reagieren die deutschen Übersetzungen, z.B. die Einheitsübersetzung mit "Du bist die Tochter deiner Mutter, die vor ihrem Mann und vor ihren Söhnen Abscheu empfand." vs. "daß ich der Herr, euer Gott, bin und daß ich wohne auf meinem heiligen Berg." Im allgemeinen schwankt die Wiedergabe zwischen Hauptsätzen und Relativsätzen, für die oben zitierten Sätze hat die Einheitsübersetzung noch bei (5) und (6) RS im Deutschen.

Die übrigen zitierten Belege enthalten keine ePP, die diesbezüglich Aufschluß böten. ePP/1s/ im Redeinhalt von (4) kann sowohl bei 1. wie bei 3. Person der Redeeinleitung stehen, auch /2ms/ bei (5) und (6) hat keine Relevanz. Dagegen zeigt Jes 44,24d-26a, das im Kapitel 2 im Zusammenhang wiedergegeben ist, für 24d und 24e (mit f!) ePP/1s/ und damit Weitergeltung des Subjekts *'anō*kī*, 26a dagegen ePP/3ms/ (vorher schon /3ms/ am Verbum in 25b, das zu 25a gehört). Die Stelle wird am Ende der Studie genauer betrachtet.

Phänomene der Satzsyntax wie bei den eigentlichen AttS lassen (1) und (2), (3) und (4) (Reihung und Infinitiv-Fügung), (5) und (6) (Reihung, Infinitiv-Fügung, RS) erkennen. Auch bezüglich der Redetypik gleichen die Belege denjenigen der AttS: Vor allem die Selbstvorstellungsformel (5) taucht auch dort auf. Mit der Selbstvorstellung verwandt ist die Erkenntnisaussage (8)[101].

(3) und (4) folgen unmittelbar auf zwei RS, die Teil des Prädikats von 17a sind. Die Variation RS vs. partizipiale Fügung entspricht als Ausdrucksvariante dem inhaltlichen Kontrast negativer vs. positiver Darstellung der Qualität (wieder anhand von Aktionen) Jahwes, nämlich seiner sozialen Gerechtigkeit. Grundsätzlich zu bedenken ist in diesem Zusammenhang auch die Unmöglichkeit satzhafter Negation bei partizipialen Fügungen. Negative Sachverhalte können also nur indirekt über Lexeme, die eine Negation einschließen, ausgedrückt werden.

Syntaktisch sind trotz des engen funktionalen Bezugs zu den RS (3) und (4) als elliptische Sätze in einem ES mit 17a zu beschreiben[102].

---

[101] Vgl. ZIMMERLI, (1963) 16.

[102] Weitere Belege: Jes 43,15b wird in BH^t offensichtlich als NS I.1 bewertet. Man könnte auch *bōrē(')* *YŚR'L* und *malk=kim* als elliptische Sätze auffassen. Aber selbst dann spräche kontextuell alles für eine Substantivierung des Partizips. Jes 45,7f schließt an die Selbstvorstellungsformel an (7e); Jes 45,7a-b.c-d sind als elliptische Sätze mit Tilgung des 1. Sy (sPP/1s/) aus der Restriktionsaussage in Jes 45,6 zu deuten. Dabei sollte die Satzgrenze in BH^t anders gezogen sein: *'ànī YHWH* als eigenständiger Satz der redetypisch *w·='ēn* *'ōd* vorausgeht. Beide Sätze zusammen bilden einen ES. Jes 45,18d.e; Jes 51,15b verdient aus Gründen der Redetypik und der Satzsyntax Beachtung: Es folgt auf die Selbstvorstellungsformel, bindet 15c (*wa*=PK(-KF)-x formierter VS) in einem konsekutiven SG. Zuletzt

Belege mit VS:

VS	Jos 16,1a	*wa=yiṣē(') ha=gōral l'=bånē YWSPL*
		miy=YRDN YRYḤW l'=mē YRYḤW mizraḥ-a-h ha=midbar
(1)	Jos 16,1b	*'ō*lā̈ mi[y]=YRYḤW b'=[h]a=har[r] BYT 'L*
	Jes 22,16a	*mah l'=ka pō(h)*
	Jes 22,16b	*w'=mī l'=ka pō(h)*
VS	Jes 22,16c	*kī ḥaṣabta l'=ka pō(h) qabr*
(2)	Jes 22,16d	*ḥō*ṣib-ī marōm qåbr=ō*
(3)	Jes 22,16e	*ḥō*qiq-ī b'=[h]a=sal' miškan l=ō*
VS	Jes 42,5a	*kō(h) 'amar ha='il YHWH*
(4)	Jes 42,5b	*bōrē(') ha=šamaym*
(5)	Jes 42,5c	*w'=nōṭē=him*
(6)	Jes 42,5d	*rō*qi' ha='arṣ w'=ṣa'ṣa'ē=ha*
(7)	Jes 42,5e	*nō*tin nåšamā l'=[h]a='am[m] 'al-ē=ha*
	Jes 42,5f	*w'=rūḥ l'=[h]a=hō*likīm b-a=h*
VS	Jes 45,18a	*kī kō(h) 'amar YHWH*
(8)	Jes 45,18b	*bōrē(') ha=šamaym*
NS	Jes 45,18c	*hū(') ha='ilō*hīm*
(9)	Jes 45,18d	*yō*ṣir ha='arṣ*
	Jes 45,18e	*w'='ō*ś-a=h*
	Jer 32,17a	*hinni(h) 'attā 'aśīta 'at ha=šamaym w'='at ha='arṣ*
		b'=kuḥ[ḥ]=ka ha=gadu(w)l w'=b'=zirō'=ka ha=nåṭūyā*
VS	Jer 32,17b	*lō(') yippalē(') mim-m[ik]=ka kul[l] dabar*
(10)	Jer 32,18a	*'ō*śā̈ ḥasd l'='ålapīm*
(11)	Jer 32,18b	*w'=m'šallim 'åwō*n 'abōt 'il ḥēq bånē=him 'aḥ⊕årē=him*
	Jer 32,18bV	*ha='il ha=gadu(w)l ha=gibbōr*
	Jer 32,18c	*YHWH ṣåba'ōt šim=ō*
VS	Ps 99,1a	*YHWH malak*

---

erscheint in 15d die Namensformel *YHWH ṣåba'ōt šim=ō*, die oben bei den Pendentia im Zusammenhang mit dem "partizipialen Hymnus" schon erwähnt wurde. Ferner: Sach 4,10e; Ps 34,21a; Ps 77,15a *'attā ha='il* (b) *'ō*śē(h) pal'*: aus kontextuellen Gründen liegt trotz des /c/-Morphems keine Substantivierung vor. Das sPP wirkt als 1. Sy weiter. Attributiver Sinn ("Du allein bist der Gott, der Wunder tut" so die Einheitsübersetzung) kann nicht angenommen werden. Dagegen spricht vor allem die Indeterminiertheit der Verbindung. Zu vergleichen sind die spezifizierenden partizipialen Fügungen zu *ha='īš*, die u. S. 75 in Anm. 121 gesammelt sind. Est 1,14b wird u. S. 81 besprochen; 1Chr 12,2a.b.c; 1Chr 23,24b.

	Ps 99,1b	*yirgázū ʿammīm*
(12)	Ps 99,1c	*yō*šib k·rūbīm*
	Ps 99,1d	*tanūṭ ha=ʾarṣ*

Der Charakter einer doppelten Funktionalität, wie er für die Folge auf NS festgetellt wurde, ist auch bei den VS festzustellen.

Am deutlichsten läßt sich dies an den ersten beiden Beispielen zeigen: (1) setzt das 1. Sy des VS in 16,1a voraus. Beide Verben ergänzen sich zu einem Gesamtsachverhalt[103]. Attribuierende Funktion liegt nicht vor. Eine Austauschprobe mit RS oder AttS fällt negativ aus. (2) und (3) dagegen erlauben keine Annahme von Weiterwirkung des Subjekts (morphematisch als /2ms/ am Verbum) aus 16c, obwohl es sich natürlich um eine und dieselbe Person handelt, von welcher die Aktionen *ḤṢB*, *ḤQQ* ausgesagt werden. Die ePP/3ms/ in *marōm qábr=ō* und *l=ō* sperren sich gegen ein solches Subjekt. Eine Austauschprobe mit AttS (nicht mit RS, es fehlt ein entsprechendes Lexem in Kontaktstellung) fällt positiv aus. Das Subjekt wird näher charakterisiert[104].

Deutlicher ist der attributive Charakter bei dem Anschluß an die Botenspruchformel *kō(h) ʾamar YHWH*, der öfter zu finden ist, bei den zitierten Belegen unter (4)-(7), (8). Hier könnte, rein syntaktisch betrachtet, sowohl RS als auch AttS stehen[105].

---

103 Zur Verknüpfung von Sätzen mit Fortbewegungsverben innerhalb von Satzformen gemäß der sachverhaltslogischen Folge Separativ – Itinerativ – Direktiv, die sich auch auf der Satzebene in Gestalt eines dreigliedrigen 6. Sy äußern kann, vgl. RECHENMACHER, (1994) 377f.

104 Das *ī*-compaginis zeigt Constructus-Endung an, mithin eine AnnV. Der satzhafte Charakter der Fügung wird dadurch nicht zerstört. Tiefenstruktural wirkt ja das Verbum in jedem Fall entsprechend seiner Valenz.

105 AttS: Jes 43,16; RS: Jer 42,9b *kō(h) ʾamar YHWH ʾilō*hē YŚRʾL* (bR) *ʾášr šálaḥtim ʾō*t=ī ʾil-a(y)=w* ist der einzige Relativsatz in BH^t, der an die Botenspruchformel anschließt und das divine Subjekt als Bezugs-NG hat. Es ist sicher kein Zufall, daß hier syntaktisch und semantisch eine grundlegende Differenz zu den Attribuierungen mittels AttS bzw. artikelloser partizipialer Fügung vorliegt: Subjekt des RS ist nicht die Bezugs-NG (was bei AttS bzw. artikelloser partizipialer Fügung nicht in Frage kommt). Ferner qualifiziert die Tatsache, daß Jeremia zu Jahwe geschickt wird, Jahwe nicht, daß er aber Herr der Schöpfung ist, sehr wohl. Jer 42,9b kann also nicht als Beleg für die hier diskutierte Ausdrucksmöglichkeit

Von der Natur der Sache her kann bei einem Anschluß an die Botenspruchformel nur 3. Person stehen, so daß sich für die Funktion aus den pronominalen Verhältnissen nichts ergibt. Auch kann man nicht einfach argumentieren, eine Weitergeltung des Subjekts sei auszuscheiden, weil durch selbständige (i.S. von nicht attribuierend) Sätze Redeinhalt und Redeeinleitung struktural zu sehr in Distanz geraten würden. (9) zeigt, daß ein selbständiger NS I.1 zwischen Redeinhalt und Redeeinleitung treten kann.

(10) und (11) könnten entweder als elliptische NS IV verstanden werden, für die das sPP /2ms/ aus 17a weitergilt, oder als Pendentia (vergleichbar Am 4,13) zu *YHWH ṣȧba'ōt šim=ō* gezogen werden. Dann ergäbe sich folgende Satzbezeichnung:

Jer 32,18aP1	*ʿō*śā̄ ḥasd l·='ȧlapīm*
Jer 32,18aP2	*w·=m·šallim ʿȧwō*n 'abōt 'il ḥēq bȧnē=him 'aḥ⊕ȧrē=him*
Jer 32,18aP3	*ha='il ha=gadu(w)l ha=gibbōr*
Jer 32,18a	*YHWH ṣȧba'ōt šim=ō*

Als Gegenargument wird vor allem die Tatsache der Ungleichartigkeit von P1 und P2 vs. P3 im Vergleich zur Gleichartigkeit der Pendentia in Am 4,13 eine Rolle spielen.

(12) kann wieder eindeutig als ES (aus zwei konsekutiven SG) beschrieben werden. GN in 1a ist in (12) erspart. Eine eigenständige Aussage *[YHWH] yō*šib k·rūbīm* wird struktural unbedingt gefordert[106].

---

durch RS gelten. Die grundsätzliche syntaktische Möglichkeit bleibt aber zu postulieren (vgl. Dt 10,17aR1.aR2). Zu den Inhalten der "hymnischen Partizipien" allgemein vgl. die Übersicht bei CRÜSEMANN, (1969) 136-150; im Zusammenhang der Botenspruchformel tauchen nur Schöpfungsthematik und für den einzigen AttS Jes 43,16 auch die Errettung am Schilfmeer auf (nach CRÜSEMANN, (1969) 150, eine der ganz wenigen Stellen mit "typisch israelitischer Geschichtstradition" neben Ps 147,2.19; Ps 136,10-25 sowie Jes 46,10-11; Jes 44,26-28 mit "hymnischen Partizipien").

106 Eine alternative syntaktische Wertung geht gleichfalls von zwei ES aus, nimmt aber *yō*šib k·rūbīm* als substantivierte Entsprechung zu *YHWH* und das verbale Prädikat als erspart an. Obwohl *yō*šib k·rūbīm* als Epitheton substantiviert in Gebrauch ist, deutet die semantische Struktur der konsekutiven SG auf eine Variation in der Aktion, nicht in der Titulatur:

MLK → *RGZ ʿammīm,*
YŠB k·rūbīm → *NūṬ 'arṣ.*

Eine attribuierende Funktion liegt nicht vor[107].

7.3.2 Nichtidentität von Subjekt des Vorsatzes und zu ergänzendem Subjekt der Ptz-Fügung

Eine große Anzahl von artikellosen satzhaften partizipialen Fügungen folgt Sätzen, die das vorauszusetzende Subjekt der Fügung entweder gar nicht oder nicht in der Position des 1. Sy aufweisen. Es folgen charakteristische Beispielbelege.

	Gen 49,10a	lō(ʾ) yasūr šibṭ mi[y]=YHWDH
	Gen 49,10b	w˙=m˙ḥō*qiq mib=bēn ragl-a(y)=w
	Gen 49,10c	ʿad kī yabō*(ʾ) ŠYLH
	Gen 49,10d	w˙=l=ō yȧq⊕ȧhat ʿammīm
(1)	Gen 49,11a	ʾō*sịr-ī l˙=[h]a=gapn ʿīr=ō(h)
	Gen 49,11b	w˙=l˙=[h]a=śō*riqā bịn-ī ʾȧtō*n=ō
	Gen 49,11c	kibbis b˙=[h]a=yayn lu̇bū*š=ō
	Gen 49,11d	w˙=b˙=dam ʿịnabīm sūt=ō(h)
	Gen 49,12a	ḥaklīl-ī ʿēnaym miy=yayn
	Gen 49,12b	w˙=lȧbȧn šinnaym mi[n]=ḥalab
	Ex 34,6a	wa=yiʿbur YHWH ʿal pan-a(y)=w
	Ex 34,6b	wa=yiqrā(ʾ)
	Ex 34,6c	YHWH YHWH
	Ex 34,6d	ʾil raḥ[ḥ]ūm w˙=ḥannūn
	Ex 34,6e	ʾȧrịk ʾappaym
	Ex 34,6f	w˙=rab[b] ḥasd w˙=ʾȧmi[t]t
(2)	Ex 34,7a	nō*ṣir ḥasd l˙=[h]a=ʾȧlapīm
(3)	Ex 34,7b	nō*śē(ʾ) ʿawō*n wa=pašʿ w˙=ḥaṭṭaʾā
	Ex 34,7c	w˙=naqqē(h) lō(ʾ) y˙naqqā

107 Weitere, o. nicht zitierte Belege mit Partizip in Erstposition und gleichem Subjekt des vorhergehenden VS, das im Sinne einer Ersparungskonstruktion getilgt ist: Jes 41,7c; Jes 57,19a; Ez 22,28b.c.d; Mal 1,7a mit Bezug auf 1,6h (/2mp/-Verbalmorphem); Mal 3,3b.c; Ps 7,3b; Ij 14,20c; Ij 20,18a; funktional einem AttS sind eher vergleichbar: Jer 31,35b.d (Botenspruchformel; satzsyntaktische Phänomene wie bei AttS: v.a. Fügung mit finitem VS); 35f ist Namensformel (*YHWH ṣȧbaʾōt šim=ō*); zu Ps 104,2a.b vgl. die Besprechung im letzten Kapitel. Ein besonderer Fall liegt in Ps 46,10a vor, das unmittelbar einem RS nachfolgt, der sich auf den GN bezieht: Ps 46,9b *ḥzū mipʿȧlōt YHWH* (bR) *ʾášr śām šammōt b˙=[h]a=ʾarṣ*. Das RPron nimmt im RS die Rolle des 1. Sy wahr, so daß 10a an ihn wie an einen VS mit entsprechendem Lexem anschließen kann.

(4)	Ex 34,7d	*pō*qid ʿáwō*n ʾabōt ʿal banīm w˙=ʿal bánē banīm ʿal šillišīm w˙=ʿal ribbiʿīm*
	Jer 49,16a	*tiplaṣt=ka hiššī(ʾ) ʾō*t-a=k zádōn, libb-i=ka*
(5)	Jer 49,16b	*šō*kin-ī b˙=ḥagáwē ha=salʿ*
(6)	Jer 49,16c	*tō*piś-ī márōm gibʿā*
	Jer 49,16d	*kī tagbīh k˙=[h]a=našr qinn-i=ka*
	Jer 49,16e	*miš=šam[m] ʾōrīd=ka*
	Jer 49,16eJ	*náʾū*m YHWH*
	Am 5,12a	*kī yadaʿtī*
	Am 5,12b	*rabbīm páśáʿē=kim*
	Am 5,12c	*w˙=ʿáṣū*mīm ḥaṭṭ(áʾ)ō*t-ē=kim*
(7)	Am 5,12d	*ṣō*rirē ṣaddīq*
(8)	Am 5,12e	*lō*qiḥē kupr*
	Am 5,12f	*w˙=ʾibyōnīm b˙=[h]a=šaʿr hiṭṭū*
	Ps 33,4a	*kī yašar dábar YHWH*
	Ps 33,4b	*w˙=kul[l] maʿś-i=hu(w) b˙=ʾimūnā*
(9)	Ps 33,5a	*ʾō*hib ṣádaqā w˙=mišpaṭ*
	Ps 33,5b	*ḥasd YHWH maliʾā ha=ʾarṣ*
	Ps 33,6a	*b˙=dábar YHWH šamaym niʿśū*
	Ps 33,6b	*w˙=b˙=rūḥ pī=w kul[l] ṣábaʾ-a=m*
(10)	Ps 33,7a	*kō*nis k˙=[h]a=nid[d] mē ha=yam[m]*
(11)	Ps 33,7b	*nō*tin b˙=ʾō*ṣarōt tihōmōt*
	Ps 65,6a	*nōraʾōt b˙=ṣadq tiʿn-i=nū*
	Ps 65,6aV	*ʾilō*hē yišʿ-i=nū mibṭaḥ kul[l] qaṣáwē ʾarṣ w˙=yam[m] ráḥuqīm*
(12)	Ps 65,7a	*mikīn har[r]īm b˙=kuḥ[ḥ]=ō*
(13)	Ps 65,7b	*niʾzar b˙=gábūrā*
(14)	Ps 65,8	*mašbīḥ šáʾōn yammīm šáʾōn gallē=him w˙=hámōn lúʾum⊕īm*
	Ps 146,5a	*ʾašrē*
	Ps 146,5b	*ša=ʾil YʿQB b˙=ʿizr=ō*
	Ps 146,5c	*śibr=ō ʿal YHWH ʾilō*h-a(y)=w*
(15)	Ps 146,6a	*ʿō*śā̄ šamaym wa=ʾarṣ ʾat ha=yam[m] w˙=ʾat kul[l]*
	Ps 146,6aR	*ʾášr b-a=m*
	Ps 146,6b	*ha=šō*mir ʾámi[t]t l˙=ʿōlam*
(16)	Ps 146,7a	*ʿō*śā̄ mišpaṭ l˙=[h]a=ʿášūqīm*
(17)	Ps 146,7b	*nō*tin laḥm l˙=[h]a=ráʿibīm*
	Ps 146,7c	*YHWH mattīr ʾásūrīm*

In (2) bis (4) wird die Möglichkeit der einpoligen Struktur solcher

Fügungen besonders deutlich: 6c und 6d sind klare einpolige Ausrufesätze. Das zweimalige *YHWH* spricht gegen die Annahme eines NS I.2 mit GN als 1. Sy und *'il rah[h]ūm w'=hannūn* als P[108]. Daran schließen 6e und 6f als adjektivische Fügungen an (AnnV). Mit (3) ist ein finiter VS verknüpft.

Auch (7) und (8) sind einpolig zu verstehen. Zwar geht das vorauszusetzende Subjekt von beiden Fügungen in Gestalt der ePP/2mp/ in 12b und 12c unmittelbar voraus, doch kann darin keine Ersparungskonstruktion begründet werden. Auch ein relativer Anschluß ist unwahrscheinlich: Dazu kommt 12d-f zu viel Eigengewicht zu. Beachtung verdient die Constructus-Endung in beiden Fällen. Morphosyntaktisch muß die Beschreibung in beiden Fällen auf AnnV lauten (nicht CsV (!), dann läge Substantivierung vor, wogegen nicht zuletzt die Verknüpfung von 12e mit 12f spricht).

Constructus-Endung in Gestalt des ī-compaginis zeigt auch (1). Textstruktural setzt 11a neu an. Die Annahme einer Kontexttilgung scheidet ebenso aus wie ein relativer Bezug: Einpoligkeit der Prädikationsstruktur. Der partizipialen AnnV folgen in 12a und 12b adjektivische AnnV. (1) steht in Reihe mit 11c (VS!), beide sind jeweils Teil eines ES1.

(5) und (6) lassen sich mit dem o. besprochenen Jes 22,16 vergleichen. In beiden Fällen war der Adressat (/2ms/) als Subjekt der folgenden Fügungen vorauszusetzen. In Jes 22,16c als morphematisches Subjekt, hier als Objekt. In beiden Fällen scheint Kontexttilgung nicht vorzuliegen, sondern Einpoligkeit der Prädikationsstruktur.

(9) folgt auf zwei NS. Vorauszusetzendes Subjekt für (9) kann nur *YHWH* sein. Eine Kontexttilgung aus 4a erscheint plausibel. Der GN ist zwar nicht das 1. Sy sondern "nur" nomen rectum der CsV, die das 1. Sy darstellt. Semantisch steht jedoch das rectum so sehr im Vordergrund, daß durchaus eine Tilung in 5a angenommen werden kann; alternativ:

[108] So die Einheitsübersetzung. In diesem Fall könnten die folgenden Sätze als elliptisch gelten und es ergäbe sich eine Reihe von Aussagesätzen.

einpoliger Satz.

Für (10)-(11) kommt eine Ersparungskonstruktion wohl nicht mehr in Frage. Die beiden Fügungen haben selbständigen Charakter. Die CsV mit dem GN in 6a fungiert als C des Mittels und darf nicht als wirksam in (10)-(11) angenommen werden.

(12)-(10) folgen auf einen Vokativ. Das ePP/3ms/ in (12) zeigt, daß die Fügungen nicht selbst als Vokativ zu beschreiben sind. Die Kontaktstellung und die inhaltliche Nähe legen attribuierenden Charakter nahe. Austausch mit RS bzw. AttS scheint möglich. Gleiches gilt für (15). Die attribuierte NG *YHWH ʾi̇lō*h-a(y)=w* in 5c geht unmittelbar voran. In 6b folgt ein AttS, der durch den verweisenden Artikel wohl auf das inzwischen fernergerückte *YHWH ʾi̇lō*h-a(y)=w* Bezug nimmt. (16) und (17) sind als AttS zu deuten. Der Artikel aus 6b wirkt weiter.

Die übrigen Belegstellen, die nicht zitiert worden sind, lassen sich im wesentlichen auf folgende, bereits gesichtete Funktionstypen verteilen: selbständiger einpoliger Satz (A), attribuierender Satz mit Kontaktstellung zur Bezugs-NG (B) und — selten — elliptischer Satz als Tilgungsphänomen (C)[109]. Am deutlichsten wird die Einpoligkeit in Fällen, wo ein Textabschnitt direkt mit einer partizipialen Fügung einsetzt und Tilgung als syntaktische Erklärung ausscheidet, z.B. Jer 51,15a.b par. Jer 10,12a.b.

[109] Dt 33,12c (C), allerdings liegt sicher Textverderbnis vor; 1Kön 7,25a (A): untypischer Fall, elliptische "Bausprache" (par. 2Chr 4,4a); Jes 14,6a.b (B); Jes 51,13b.c (B); Jes 53,3a.d.f (C ?); Jes 65,3b.c (A); Jer 10,12a.b (A): Textverschiebung! Jer 33,5a (B ?); Jer 51,15a.b (A); Ez 21,20c.d (A), nach Interjektion *ʾaḥ[ḥ]*; Ez 23,15a.b (A); Ez 39,14b.c (B), ohne Kontaktstellung; Ez 41,19c (A); Ob 1,3b (A), wie Jer 49,16b; Mich 3,2a.b.c (A); Mich 7,14b (B); Nah 1,4a (A); Sach 12,1c.d.e (B), nach *naʾū*m YHWH*; Ps 7,11b (B); Ps 18,51a.b (A); Ps 65,3a (A), wenn nicht substantiviert als Vokativ zu nehmen; Ps 69,4d (C ?), folgt auf *kalū ʿēn-ay=[y]*, ePP/1s/ wäre dann in (d) *m·yaḥ[ḥ]il l=ʾi̇lō*h-ay=[y]* erspart; Ps 97,10b (A); Ps 104,13a (A); Ps 106,21b (B); Ps 107,40a (A); Ps 121,2b (B); Ij 12,17a.19a.20a.21a.22a.23a.23c.24a (A); Ij 25,2b (A); Ij 26,7a.b.8a.9a (A); Spr 7,8a (B); Spr 7,22a (C); Dan 9,4d par. Neh 1,5b (B).

7.3.3 Tilgung des 1. Sy als semantische Nullstelle

Eine zweite Gruppe von Belegen zeigt Tilgung des 1. Sy, allerdings nicht kontextuell, sondern im Sinne einer semantischen Nullstelle. Das Prädikat hat regelhaft /mp/. Diese unpersönliche Konstruktion (entsprechend dem deutschen "man" ist für Sätze mit Partizip in Erstposition schwach belegt:

	Ex 5,16a	*tabn ʾēn nittan l'=ʿábadē=ka*
	Ex 5,16b	*w'=lábinīm*
(1)	Ex 5,16c	*ʾō*mirīm la=nū*
	Ex 5,16b	*ʿśū*

	Jer 33,11v	*qōl śaśōn w'=qōl śimḥā qōl ḥatan w'=qōl kallā qōl ʾō*mirīm*
	Jer 33,11a	*hōdū ʾat YHWH ṣábaʾōt*
	Jer 33,11b	*kī ṭōb YHWH*
	Jer 33,11c	*kī l'=ʿōlam ḥasd=ō*
(2)	Jer 33,11d	*mibīʾ*ʾīm tōdā bēt YHWH*
	Jer 33,11e	*kī ʾašīb ʾat š'būt ha=ʾarṣ k'=b'=[h]a=rī(ʾ)šō*nā*
	Jer 33,11f	*ʾamar YHWH*

(1) belegt durch die Folge des Partizipialsatzes auf 16a mit Prädikat *ʾēn nittan l'=ʿábadē=ka*, entsprechend einem passivem Verbalsatz, die semantische Nullstelle des 1. Sy. Die seltsame Einschaltung des zu *ʿśū* gehörigen 2. Sy *w'=lábinīm* zwischen a und c ist in diesem Zusammenhang irrelevant.

Für (2) ist neben semantischer Nullstelle des 1. Sy auch Tilgung des Restsatzes aus 10b, der in 11v über die Versgrenze hinaus fortgesetzt wird, zu erwägen: *ʿōd yiššamiʿ* ... *qōl [ʾō*mirīm]*. Eine so weit gehende Ersparung bei Fernstellung (trennendes Element ist der Redeinhalt zu *ʾō*mirīm*, was die Fernstellung etwas relativiert) darf als relativ unwahrscheinlich gelten[110].

[110] Vgl. ferner folgende Belege, deren Zuweisung zu dieser Beleggruppe allerdings unsicher ist: Jos 8,6c; 1Kön 5,1b; Jes 13,5a. G-K, §115t, führt Belege an, die gleichfalls unpersönliche Konstruktion belegen, nicht aber das Ptz in Erstposition bieten. Mit /ms/: Jes 21,11b *ʾil-ay=[y] qō*rē(ʾ) miś=Śʿ YR*; Jes 30,24aR *ʾáśr zō*rā̈ b'=[h]a=raḥt w'=b'=[h]a=mizrā̈*; Jes 33,4b

7.3.4 Anderweitige Tilgungsphänomene

Folgende Belege mit Partizip in Erstposition zeigen Tilgungsphänomene anderer Art:

	Num 24,4a	*nȧʾū*m šō*miʿ ʾimȧrē ʾil*
	Num 24,4aR	*ʾȧšr maḥzē(h) šadday yiḥzā̈*
(1)	Num 24,4b	*nō*pil w·=gȧlūy ʿēnaym*
	Ri 18,7d	*w·=ʾēn maklīm dabar b·=[h]a=ʾarṣ*
(2)	Ri 18,7e	*yōriš ʿaṣr*
	Ri 18,7f	*w·=rȧḥuqīm him⊕a(h) miṣ=ṢDN-īm*
	Ri 18,7g	*w·=dabar ʾēn la=him ʿim[m] ʾadam*
	Jes 5,11a	*hōy maškīmē b·=[h]a=buqr*
	Jes 5,11b	*šikar yirdupū*
(3)	Jes 5,11c	*m·ʾaḥ[ḥ]ịrē b·=[h]a=našp*
	Jes 5,11d	*yayn yadlīq-i=m*
	Jes 32,20a	*ʾašrē=kim zō*rịʿē ʿal kul[l] maym*
(4)	Jes 32,20b	*m·šalliḥē ragl ha=šōr w·=ha=ḥịmōr*
	Jes 41,4a	*mī paʿal*
	Jes 41,4b	*w·=ʿaśā*
(5)	Jes 41,4c	*qō*rē(ʾ) ha=dō*rōt mi[n]=rō(ʾ)š*
	Jes 41,4d	*ʾȧnī YHWH rī(ʾ)šōn*
	Jes 41,4e	*w·=ʾit[t] ʾaḥrō*nīm ʾȧnī hū(ʾ)*
	Jes 52,7a	*mah nā(ʾ)wū ʿal ha=har[r]īm raglē m·baśśir*
(6)	Jes 52,7b	*mašmīʿ šalōm*
(7)	Jes 52,7c	*m·baśśir ṭōb*
(8)	Jes 52,7d	*mašmīʿ yȧšūʿā*
(9)	Jes 52,7e	*ʾō*mir l·=ṢYWN*
	Jes 52,7f	*malak ʾịlō*h-ay=k*
	Jes 54,16a	*hin[n] ʾanō*kī barā(ʾ)tī ḥar[r]āš*
(10)	Jes 54,16b	*nō*piḥ b·=ʾiš paḥ⊕am*
(11)	Jes 54,16c	*w·=mōṣī(ʾ) kịly l·=maʿś-i=hu(w)*
	Jes 54,16d	*w·=ʾanō*kī barā(ʾ)tī mašḥīt*
	Jes 54,16dI	*l·=ḥabbil*

---

k·=maššaq[q] gibīm šōqiq b=ō; mit /mp/: Jer 38,23a *w·=ʾat kul[l] našē=ka w·=ʾat banē=ka mōṣī*ʾīm ʾil ha=KŚD-īm*; Ez 36,13b *yaʿn ʾō*mịrīm la=kim*; Ez 37,11c *hinni(h) ʾō*mịrīm*.

	Ps 105,20a	*šalaḥ malk*
	Ps 105,20b	*wa=yattīr-i=hu(w)*
(12)	Ps 105,20c	*mō*šil ʿammīm*
	Ps 105,20d	*wa=y'pattiḥ-i=hu(w)*

Für (1) ist aus 4a *nāʾū*m* zu ergänzen. Dabei ergibt sich jedoch keine zweipolige Struktur, es handelt sich vielmehr auch dann um einen einpoligen Satz, der aus einer einzigen Wortgruppe (CsV) in der syntagmatischen Rolle des P besteht[111].

In (2) ist aus dem Vorsatz 7d *w'=ʾēn maklīm dabar b'=[h]a=ʾarṣ* P-Kop, nicht das auch 7b nicht ausgedrückte 1. Sy (syntaktische Leerstelle)[112] einzutragen[113].

(3) kann durch *hōy* aus 11a zu strukturaler Vollständigkeit ergänzt werden[114]. Die partizipiale Fügung ist dabei eine AnnV, die als 1. Sy fungiert, *hōy* ist Prädikat. Die kontextfunktionale Bindung der jeweils folgenden Sätze 11b und 11d ist nicht an dem NS der Oberfläche mit *hōy* als Prädikat und der AnnV als 1. Sy festzumachen, sondern nach der Tiefenstruktur an dem VS, der der AnnV zugrundeliegt. Das erzwingt die Semantik der Sätze. Damit ist Jes 5,11a-d ein Beispiel für die Möglichkeit, daß ein Verbalsatz zu einer Wortgruppe in Beziehung steht, die tiefenstruktural einem Verbalsatz entspricht. Das muß auch bei der Argumentation zum AttS bedacht werden: Satzsyntaktische Beziehungen zwischen einer partizipialen Fügung und einem Verbalsatz beweisen nicht immer den satzhaften Charakter der partizipialen Fügung.

---

111 Vgl. noch Jes 56,8a.

112 Zu den Sätzen des Typs *ʾēn* + Ptz + x vgl. RIEPL, (1993) 277f, besonders die Belege in Anm. 627. Weitergeltung von P-Kop, nämlich *yiš*, und zugleich der Konjunktion *ʾim* erklärt Jer 5,1g.

113 Ferner: Jes 64,6b; mit *yiš*: Jer 5,1g; Spr 13,7c; dagegen wird in 1Kön 8,23c P-Kop samt P-Kompl erspart: *ʾēn ka-mō=ka*.

114 Ähnlich: Hab 2,15a *hōy mašqē(h) riʿ-i=hu(w)* (b) *m'sappiḥ ḥimat=ka*. Vgl. noch mit *hōy*: Jes 5,20c.e; Jes 5,23a; in Am 6,1c ist zu beachten, daß die Fügungen in a und b mit Artikel gebildet sind; Sach 11,17b; mit *ʾašrē*: Jes 56,2c.d; Ps 106,3b; mit Fragepronomen *ʾayyē(h)*: Jes 63,12a.b.13a.

Eine etwas andere Struktur liegt in (4) vor. Sätze mit *hōy* und *'ašrē* sind Nominalsätze mit einer Interjektion als Prädikat. Der primäre Charakter einpoliger Ausrufe, die von einer Wortgruppe gebildet werden, zeigt sich an der Gestalt und Fügung von *'ašrē* als Sub/cmp/ vor ePP oder Nominalgruppe. Sekundär zeigen die Sätze eine zweipolige Struktur mit Prädikat und 1. Sy. Dabei fungiert als 1. Sy das ePP bzw. die dem nomen rectum entsprechende Nominalgruppe. In Jes 32,20a ist die partizipiale Fügung *zō*ri'ē 'al kul[l] maym* nicht als Apposition (Disgruenz der Determination), sondern allenfalls als Adnominale zu verstehen. Dann müßte aber in 20b *'ašrē=kim* ergänzt werden, also der ganze Kernsatz. Wahrscheinlicher ist es, die beiden partizipialen Fügungen als elliptische Sätze zu verstehen, deren 1. Sy aus 20a erspart ist.

(5): Ein Satzbund mit Ersparung im Frage/Antwort-Kontext. D.h. in 4c ist P aus 4a-b (ES1!) zu ergänzen. 4c selbst nimmt dann die Funktion des 1. Sy wahr[115].

(6)-(9) setzen wohl aus 7a den gesamten Satz mit Ausnahme des nomen rectum der CsV in Endposition (1. Sy) voraus[116]. Alternativ wäre eine Beschreibung entsprechend den im vorhergehenden Teilkapitel aufgeführten Belegen, die stark relative Tendenz zeigen[117].

(10)-(11) sind eindeutig im Sinne von Ersparungskonstruktionen (ES1) zu verstehen. Aus 14a wirkt sowohl P als auch 1. Sy weiter[118]. (12) kann durch das P aus 20a zur Vollständigkeit ergänzt werden. Auch hier liegt trotz der Verknüpfung der Teilsätze mit einem VS (20b bzw. 20d) ES1 vor. Variiert wird das 1. Sy: *šalaḥ malk* vs. *mō*šil 'ammīm*.

---

115 Weitere Belege: Ps 15,2a.b.c (analog bei Adj: Ps 24,4a); vielleicht auch Mal 2,15d.
116 Vermutlich ist auch Ps 103,6b so zu erklären.
117 Vgl. die mit (B) gekennzeichneten Belege o. S. 70 Anm. 109.
118 Jer 49,15a *kī hinni(h) qaṭun natattī=ka b=[h]a=gōyī*m* (b) *bazūy b=[h]a='adam* zeigt darüberhinaus auch Weitergeltung des 2. Sy1 (affiziertes Objekt).

7.3.5 Asyndetische Relativsätze mit Partizip am Satzanfang

Jes 14,16c	*hā=zā̈ ha=ʾīš*
Jes 14,16cR1	*margīz ha=ʾarṣ*
Jes 14,16cR2	*marʿīš mamlakōt*
Jes 14,17vR1	*śām tibil k˙=[h]a=midbar*
Jes 14,17vR2	*w˙=ʿār-a(y)=w haras*
Jes 14,17vR3	*ʾasīr-a(y)=w lō(ʾ) pataḥ bayt-a-h*

Hos 6,4c	*w˙=ḥasd=kim k˙=ʿanan buqr*
Hos 6,4d	*w˙=k˙=[h]a=ṭal[l]*
Hos 6,4dR1	*maškīm*
Hos 6,4dR2	*hō*lik*

Hl 2,15a	*ʾiḥzū la=nū šūʿalīm*
Hl 2,15b	*šūʿalīm qaṭan⊕īm*
Hl 2,15bR1	*m˙ḥabbilīm karamīm*
Hl 2,15bR2	*w˙=karamē=nū simadar*

Nur wenige Belege deutet BH^t als Relativsätze der Struktur Ptz + x[119].

Für das erste Beispiel ist klar, daß in *hā=zā̈ ha=ʾīš* das Element *ha=ʾīš* näherbestimmt werden muß. Die Belege, in denen *ha=ʾīš* eine Spezifizierung erfährt, zeigen Näherbestimmung durch mit *ʾašr* eingeleiteten Relativsatz[120], durch attributive Erweiterung, wobei Partizipien (und Verbaladjektive) vorherrschen[121], aber sonst nie durch asyndetischen Relativsatz (abgesehen von Jes 14,16c). Die große Zahl der spezifizierenden Relativsätze zu *ha=ʾīš* legen allerdings die Annahme eines Relativsatzes

119 Neben den 3 zitierten Stellen vgl. nur noch Hos 13,3bR1 und 3bR2, die Hos 6,4dR1 und 4dR2 gleichen.

120 Gen 43,19aR; Gen 44,17cPR; Num 9,13aPR1; Num 16,7dPR; Num 17,20bPR; Dt 4,3cPR; Dt 17,12aPR; Dt 18,19bPR; Dt 20,5bR1; Dt 20,6aR1; Dt 20,7aR1; Dt 22,25dR; Dt 24,11bR; Dt 27,15aR; Ri 4,22eR; Ri 10,18bR; Ri 13,10eR; Ri 13,11eR; Ri 19,22dR; Ri 19,26bR; 1Sam 9,17cR; 1Sam 14,24cR; 1Sam 14,28dR; 1Sam 17,25ePR; 2Sam 15,2dPR; 2Sam 17,3bR; 2Sam 21,5bPR1; 2Kön 1,7bR; 2Kön 6,19eR; 2Kön 10,24dPR; Jer 11,3cR; Jer 20,15aR; Ps 1,1aR1; Rut 2,19hR; Est 6,9bR; Dan 9,21bR; Neh 5,13cR.

121 Vgl. z.B. Dt 22,29a; Dt 28,54aP; Ri 19,17b; 2Sam 12,5d; Jer 9,11a; Ez 9,11a(!); Ez 10,2a; Sach 1,10a; Ps 25,12a(!); Ps 34,13a(!). Darunter sind einige für die Abgrenzung des AttS gegen das Attribut interessante Belege (durch Ausrufezeichen gekennzeichnet).

auch in Jes 14,16c nahe. AttV scheidet aus (Determination, syntaktisches Eigengewicht). Die Annahme elliptischer Sätze im obigen Sinn befriedigt in funktionaler Hinsicht nicht. *ha=ʾīš* wird ja erst durch die Sätze zu einer erfolgreich referierten Größe.

Für die beiden anderen Belege gilt dies nicht, wie die Weglaßprobe zeigt. In beiden Fällen ist (bei unmittelbarem Anschluß an das Bezugswort bzw. die Bezugs-NG) die Funktion diese näherzubestimmen so klar, daß eine Bewertung der Fügungen als RS naheliegt.

7.4 Partizipiale Attribute

Ein schwieriges Problem ist die Abgrenzung von AttS gegenüber nicht satzhaften Attributen. Zwei extreme Möglichkeiten stehen sich dabei gegenüber:

1. Alle Fügungen des Typs Art + Ptz + x (x sind alle der Verbvalenz entsprechenden abhängigen Syntagmen, außerdem C-Syntagmen) werden als Teil einer Wortgruppe behandelt, d.h. als Attribute oder (bei Annahme von Substantivierung) als Appositionen.
2. Alle Fügungen des obigen Typs werden als Sätze beschrieben.

Diesen zweiten Weg geht z. B. KÖNIG. Er spricht von "verkürzten Sätzen in participialer Gestalt"[122]. Es folgt eine Reihe von Belegen, die er aufführt und die von BH^{t} nicht als Sätze abgegrenzt worden sind, sowie weitere beachtenswerte Beispiele.

(1)	Gen 9,18a	*wa=yihyū bánē NḤ ha=yō*ṣiʾīm min ha=tibā ŠM w˙=ḤM w˙=YPT*
	Gen 9,18bP	*w˙=ḤM*
	Gen 9,18b	*hū(ʾ) ʾábī KNʿN*
(2)	Gen 43,12b	*w˙=ʾat ha=kasp*
		*ha=mūšab b˙=pī ʾamtáḥō*t-ē=kim tašībū b˙=yad=kim*
(3)	Gen 46,26aP	*kul[l] ha=napš ha=bāʾā l˙=YʿQB MṢR-aym-a-h*
		*yō*ṣiʾē yárik=ō mil=l˙=bad[d] nášē bánē YʿQB*

[122] KÖ III, §408-412.

(4)	Lev 11,46	*zō(ʾ)t tōrat ha=bȧhimā w˙=ha=ʿōp w˙=kul[l] napš ha=ḥayyā ha=rō*miśt b˙=[h]a=maym w˙=l˙=kul[l] napš ha=šō*riṣt ʿal ha=ʾarṣ*
	Dt 2,23aP	*w˙=ha=ʿW-īm ha=yō*šibīm b˙=ḥȧṣirīm ʿad ʿZ-ā*
(5)	Dt 2,23a	*KPTR-īm ha=yō*ṣiʾīm mik=KPTWR hišmīdū*=m*
	Dt 2,23b	*wa=yišibū taḥt-a=m*
(6)	Dt 20,11e	*kul[l] ha=ʿam[m] ha=nimṣā(ʾ) b-a=h*
	Dt 20,11f	*yihyū l˙=ka la=mas[s]*
(7)	Ri 13,8e	*mah niʿśā l˙=[h]a=naʿr ha=yu(w)l⊕ad*
	1Kön 21,8c	*wa=tišlaḥ h[a]=siparīm ʾil ha=zȧqinīm w˙=ʾil ha=ḥur[r]īm*
	1Kön 21,8cR	*ʾȧšr b˙=ʿīr=ō*
(8)	1Kön 21,8c	*ha=yō*šibīm ʾit[t] NBWT*
(9)	2Kön 17,7b	*kī ḥaṭȧʾū bȧnē YŚRʾL l˙=YHWH ʾilō*hē=him ha=maʿlā ʾō*t-a=m mi[n]=ʾarṣ MṢR-aym mit=taḥt yad PRʿH malk MṢR-aym*
(10)	Jes 9,1a	*ha=ʿam[m] ha=hō*likīm b˙=[h]a=ḥušk raʾū ʾōr gadu(w)l*
	Jes 9,1bP	*yō*šibē b˙=ʾarṣ ṣalmawt*
	Jes 9,1b	*ʾōr nagah ʿȧl-ē=him*
(11)	Jes 14,26a	*zō(ʾ)t ha=ʿiṣā ha=yȧʿūṣā ʿal kul[l] ha=ʾarṣ*
(12)	Jes 14,26b	*w˙=zō(ʾ)t ha=yad ha=nȧṭūyā ʿal kul[l] ha=gōyī*m*
	Jer 19,13a	*w˙=hayū bāt⊕ē YRWŠLM*
		w˙=bāt⊕ē malȧkē YHWDH k˙=mȧqōm ha=tupt
(13)		*ha=ṭȧmiʾīm l˙=kul[l] ha=bāt⊕īm*
	Jer 19,13aR1	*ʾȧšr qiṭṭirū ʿal gaggō*t-ē=him l˙=kul[l] ṣȧbā(ʾ) ha=šamaym*
	Jer 19,13aR2	*w˙=hassik nisakīm l˙=ʾilō*hīm ʾȧḥirīm*
	Ez 43,19a	*w˙=natatta(h) ʾil ha=kō*hinīm ha=LW-ī*y⊕ī*m*
	Ez 43,19aR	*ʾȧšr him miz=zarʿ ṢDWQ*
(14)	Ez 43,19a	*ha=qȧrubīm ʾil-ay=[y]*
	Rut 4,11c	*yittin YHWH ʾat ha=ʾiššā*
(15)		*ha=bāʾā ʾil bēt-i=ka k˙=RḤL w˙=k˙=LʾH*
	Rut 4,11cR	*ʾȧšr banū šittē=him ʾat bēt YŚRʾL*
(16)	Neh 7,6a	*ʾil⊕ā bȧnē ha=mȧdīnā ha=ʿō*līm miš=šȧby ha=gōlā*
	Neh 7,6aR	*ʾȧšr higlā NBWKDNṢR malk BBL*

	Neh 7,6b	*wa=yašūbū l᾽=YRWŠLM w᾽=l᾽=YHWDH ᾽īš l᾽=ʿīr=ō*
(17)	Neh 7,7v	*ha=bā᾽īm ʿim[m] ZRBBL YŠWʿ NḤMYH ...*
	Neh 7,7a	*mispar ᾽anāšē ʿam[m] YŚR᾽L*
	1Chr 15,25a	*wa=yihy*
(18)	1Chr 15,25b	*DWYD w᾽=zaqinē YŚR᾽L w᾽=śar[r]ē ha=᾽alapīm ha=hō*likīm*
	1Chr 15,25bI	*l᾽=haʿlōt ᾽at ᾽arōn b᾽rīt YHWH min bēt ʿBD ᾽DM*
	1Chr 15,25b	*b᾽=śimḥā*
	1Chr 27,1a	*w᾽=bánē YŚR᾽L l᾽=mispar-a=m rā(᾽)šē ha=᾽abōt*
		*w᾽=śar[r]ē ha=᾽alapīm w᾽=ha=mi᾽ōt w᾽=šō*ṭirē=him*
(19)		*ha=m᾽šar[ri]tīm ᾽at ha=malk l᾽=kul[l] dábar ha=maḥlúqōt*
		*ha=bā᾽ā w᾽=ha=yō*ṣē(᾽)t ḥudš b᾽=ḥudš l᾽=kul[l] ḥúdāšē ha=šanā*
	2Chr 10,8b	*wa=yiwwaʿiṣ ᾽it[t] ha=yáladīm*
	2Chr 10,8bR	*᾽ášr gad᾽lū ᾽itt=ō*
(20)	2Chr 10,8b	*ha=ʿō*midīm l᾽=pan-a(y)=w*

Die Beispiele zeigen die Partizipien mit den obligatorischen Syntagmen entsprechend der Valenz des jeweiligen Verbums: z.B. *YṢ᾽* mit 6. Sy in (1), (5); *Bō᾽* mit 6. Sy in (3), (15); auch bei höherwertigen Valenzen: H-*ʿLY* mit 2. Sy und 6. Sy in (9)[123]; Tilgungen finden sich in (17) (6. Sy zu *Bō᾽* getilgt aus dem Kontext: Neh 7,6b), (18) (6. Sy zu *HLK* getilgt aus bI) und (19) (6. Sy zu *Bō᾽* und *YṢ᾽* als syntaktische Nullstelle). Passive Partizipien weisen demgegenüber keine Besonderheit auf: Hp-*YŠB* wird als Passivtransformation eines Verbalsatzes mit 2. Sy und 5. Sy nach Satzbauplan III.1, also mit 5. Sy konstruiert (*b᾽=pī ᾽amtáḥō*t-ē=kim*).

Von daher und wegen der schwierigen Abgrenzung zu den hier als AttS bezeichneten Fügungen erscheint eine grundsätzlich satzhafte Beschreibung des Phänomens, wie sie KÖNIG vorschlägt, angemessen. Dabei könnten adjektivierte Partizipien als sekundäre Adjektive ausgenommen werden, etwa verschiedene N-Ptz, die generell adjektivische Funktion zeigen. Dagegen spricht allerdings, daß dann auch adjektivische Attribute satzhaft zu beschreiben wären. Auch sie entsprechen ja einem Verbal-

[123] Vgl. auch Ex 6,7d.

satz, nämlich mit Zustandsverb, und auch sie können mit abhängigen Syntagmen konstruiert werden (7., 9. und 10. Sy)[124].

Eine Beschreibung aller partizipialen Fügungen als Attribute in einer AttV ist noch weniger annehmbar. Determinationsverhältnisse, Position und satzsyntaktische Verflechtung dieser Elemente geben klare Hinweise auf ein von der AttV verschiedenes sprachliches Phänomen.

Sinnvoll erscheint deshalb eine Scheidung von partizipialen Fügungen innerhalb einer AttV von solchen, die als AttS eingestuft werden, nach Kriterien, die die sprachliche Oberfläche selbst bietet:

1. Kriterium der Fernstellung
2. Kriterium der Disgruenz in der Determination
3. Satzsyntaktische Kriterien
4. Redetypische Kriterien[125]

Liegen entsprechende Gesichtspunkte aus einem oder mehreren dieser vier Bereiche vor, so wird die Fügung als Satz beschrieben, ansonsten als Attribut einer AttV.

Probleme der Determination wurden bereits im vierten Kapitel diskutiert. Wie dort ausgeführt, ist *kul[l] napš* in (4) nur oberflächlich eine indeterminierte Nominalgruppe. Das Problem der Fernstellung ist für (13) und (17) zu diskutieren, die Satzsyntax für (13), (18) und (19).

(13) ist wohl textlich korrupt. *ha=ṭåmi'īm* kann weder auf *måqōm ha=tupt* (sg!) noch auf *bāt*⊕*ē* ... (nachfolgendes *l'=kul[l] ha=bāt*⊕*īm*!) bezogen werden. Vielleicht liegt eine Verschreibung vor, He statt Mem, so daß Dp-Partizip zu lesen wäre. Das Partizip fungierte dann als P-Komplement in einem Nominalsatz.

Für (16)[126] gibt es mehrere mögliche Deutungen. Geht man von einer

---

[124] Vgl. u. S. 22 Anm. 12 und Anm. 13.

[125] Aspekte wie Vokativ, Makarismus, Weheruf sollen u. im Zusammenhang mit stilistischen Beobachtungen behandelt werden.

[126] Esr 2,1a ist Parallelbeleg.

komplexen Wortverbindung *bánē ha⸗mádīnā ha⸗ʿō*līm miš⸗šáby ha⸗gōlā* aus, so ist entweder die partizipiale Fügung AnnV und Attribut zur CsV *bánē ha⸗mádīnā*, oder AppV aus sekundärem Substantiv[127] und PV. Dann wäre der Komplex Apposition zur CsV. Die dritte Deutung trennt *ha⸗ʿō*līm* ... und *ha⸗bāʾīm* ... als AttS ab. Gegen diese Deutung spricht, daß bei einer Abtrennung von *ha⸗ʿō*līm* ... der Relativsatz seine Kontaktstellung verliert. Das einzige Kriterium, das eine Abtrennung überhaupt rechtfertigt, ist die zweigliedrige AttS-Reihe, die sich bei Abtrennung beider Fügungen (d.h. auch (17)) ergäbe. Ob eine solche Reihe wirklich gegeben ist, bleibt fraglich: 6b ist völlig selbständig und stört empfindlich den Zusammenhang zwischen beiden Fügungen. (17) kann doch am besten als Adnominale zu dem nur morphematisch ausgedrückten 1. Sy von 6b verstanden werden.

(18) hat abhängigen Infinitiv. Das syntaktische Eigengewicht, das ihm dadurch zukommt, wird aber durch die Klammerstruktur des NS 25b relativiert. Die Fügung kann auch auf morphosyntaktischer Ebene gedeutet werden.

In (19) ist *ha⸗mˑšar[ri]tīm* ... eine Fügung von einigem Gewicht. Es steht mit 2. Sy und einem C[lim], das erweitert ist durch eine zweigliedrige partizipiale Fügung mit zwei C[temp]. Für letztere ist der Bezug unklar. Die Morpheme /fs/ sind disgruent sowohl mit *ha⸗mˑšar[ri]tīm* ... als auch mit *dábar* und *ha⸗maḥlúqōt*. Semantisch kommt sowohl *dábar* als auch *ha⸗maḥlúqōt* in Frage. Die Disgruenz kann am ehesten für *ha⸗maḥlúqōt* erklärt werden, nämlich distributiv (*ha⸗bāʾā wˑ⸗ha⸗yō*ṣē(ʾ)t* !). Dann wäre *ha⸗maḥlúqōt ha⸗bāʾā wˑ⸗ha⸗yō*ṣē(ʾ)t* ... als AttV möglich und ein Kriterium gegen rein morphosyntaktische Beschreibung des ganzen Komplexes nicht gegeben.

BH[t] hat, wie aus der Belegliste zu den AttS hervorgeht, in drei

---

[127] Ob im Hebräisch der Bücher Esra und Nehemia *ʿō*līm* bereits ein fester Terminus für die Heimkehrer aus dem Exil nach Israel war, wie dies im späteren Hebräisch der Fall ist, läßt sich kaum entscheiden: Vgl. noch Esr 2,59a *wˑ⸗ʾil⊕ā ha⸗ʿōlīm mit⸗TL MLḤ TL ḤRŠʾ KRWB ʾDWN wˑ⸗ʾMR*, parallel zu Neh 7,61a, und Esr 8,1.

Fällen Fügungen als AttS abgetrennt, trotz Kontaktstellung, Kongruenz in der Determination und Fehlen eines satzsyntaktischen Kriteriums. Sie sind dementsprechend mit Kennziffer 1 ohne Zusatz markiert. Es handelt sich um Ps 128,1c; Est 1,14c und Sir 47,18b(B).

Bei Ps 128,1c sind Gesichtspunkte der Redetypik (Struktur des Makarismus) zu berücksichtigen. Hier ist außerdem die Determiniertheit der Bezugs-NG nicht ganz fraglos. Die Entscheidung für AttS ist ausreichend begründbar[128].

Sir 47,18b(B) dagegen ist wohl Attribut zu *šim ha=nikbad*, kaum eigener Satz. *nikbad* fungiert als Substantiv (primär Ptz > Adj); *šim ha=nikbad* ist CsV. Damit schließt *ha=niqrā(ʾ) ʿal YŚRʾL* an eine determinierte Bezugs-NG in Kontaktstellung an. Die folgenden Sätze sind nicht an die partizipiale Fügung gebunden, sondern an den Verbalsatz 18a *niqrē(ʾ)ta* .... Es liegen auch keine Kriterien der Redetypik vor.

Der Komplex Est 1,13a-14c bleibt syntaktisch schwierig[129]. Geht man vom masoretischen Text aus, so ist 14a ein NS I.1, wobei Numerusdisgruenz zwischen den beiden Syntagmen vorliegt. 14b, wenn nicht einfach Apposition zu dem aus vielen asyndetisch gereihten Gliedern (EN) bestehenden Sy, ist elliptischer Satz und bildet zusammen mit 14a einen ES1. Erspart wird eines von zwei Sy des NS I.1. Die Fügung, die BH^{t} als 14c abgrenzt, muß als AttS beschrieben werden, wenn man als Bezugs-NG das schon in 14b ersparte Sy angibt. Das ist aufgrund des Weiterwirkens in 14b und des semantischen Gewichts (EN!) nicht unwahrscheinlich. Kriterium ist dann die Fernstellung. Wird *rō*ʾē pānē ha=malk* als Bezug angenommen, dann wäre eine Satzabgrenzung nicht gerechtfertigt.

---

128 Vgl. u. den Abschnitt zu Stil und Redetypik.

129 Vgl. die von BHS vorgeschlagenen Konjekturen zu *w=ha=qarub*: nach LXX *w=hiqrīb*, nach 1Kön 5,7a *ha=qarib*.

8 Beobachtungen zu Stil und Redetypik

8.1 Literarische Distribution

AttS finden sich in besprechendem, nicht in erzählendem oder juridischem Kontext[130]. Stellt man den Komplex Gen – 2Kön (überwiegend besprochen) dem quantitativ in etwa vergleichbaren Komplex Jes – Klgl (überwiegend besprechend) gegenüber, so ergibt sich ein Belegzahlenverhältnis von 19 : 129.

Die folgende tabellarische Übersicht zeigt die Verteilung auf die biblischen Bücher im Einzelnen, wobei der in Klammern angegebene Wert relativ zum Umfang des Buches berechnet ist[131]:

Gen	4	(12)	Jes	20	(78)	Zef	2	(176)	Est	1	(20)
Ex	0	(0)	Jer	11	(33)	Hag	0	(0)	Dan	0	(0)
Lev	1	(5)	Ez	6	(20)	Sach	0	(0)	Esr	1	(17)
Num	0	(0)	Hos	12	(330)	Mal	0	(0)	Neh	0	(0)
Dt	7	(30)	Joel	0	(0)	Ps	37	(123)	1Chr	1	(6)
Jos	0	(0)	Am	12	(394)	Ij	13	(103)	2Chr	1	(5)
Ri	1	(6)	Ob	0	(0)	Spr	5	(51)	Sir	17	(120)
1Sam	1	(5)	Jon	0	(0)	Rut	0	(0)			
2Sam	2	(12)	Mich	3	(141)	Hl	1	(50)			
1Kön	3	(16)	Nah	2	(236)	Koh	0	(0)			
2Kön	0	(0)	Hab	0	(0)	Klgl	0	(0)			

Bei den gezählten 19 Belegen in Gen – 2Kön handelt es sich von 1Kön 9,23b abgesehen stets um Kontexte direkter Rede, also nicht um

[130] Eine echte Ausnahme bildet 1Kön 9,23b im Rahmen einer Listeneinleitung. Est 1,14c kann nur bedingt als Ausnahme gezählt werden, weil seine Klassifizierung als AttS zweifelhaft ist. Vgl. o. S. 81.

[131] Als Faktor wurde 100000 : Stück-Anzahl angesetzt, d.h. für Gen: Die Belegzahl 4 wird mit

$$\frac{100000}{32172}$$

multipliziert; es ergibt sich 4 x 3.1 = 12.4, gerundet 12. Stück meint dabei jede Einheit in BH^t, die durch Leerraum oder Gleichheitszeichen abgetrennt steht (also auch Pro- und Enklitika). Der Wert *Stück-Anzahl* wird aus der morphologischen Datenbank am Lehrstuhl für Hebraistik (W. RICHTER) entnommen. Für Sirach liegt ein entsprechender Wert noch nicht vor. Die angegebene Maßzahl ist ein bloßes Schätzungsresultat.

erzählenden Kontext. Auffällig ist, daß sieben davon, d.h. mehr als ein Drittel, auf das Buch Dt entfallen. Dt 8,14-16 kann als charakteristisches Beispiel für den Zerdehnungsstil deuteronomisch-deuteronomistischer Sprache gelten.

Für den Bereich Jes – Klgl fällt v.a. die hohe Zahl der Belege im Psalter auf. Sie wird relativ von den Dodekapropheten Hos, Am, Mich, Nah und Zef zwar weit übertroffen, allerdings ist wegen des kleinen Umfangs dieser Bücher eine statistische Aussage von sehr geringem Wert. Bei Hos und Am verdient die auch absolut hohe Belegzahl (mehr als Jer oder Ez) in jedem Fall Beachtung. Auch Ij und Sir fallen mit relativ hohen Belegzahlen auf. Die entsprechenden Kontexte sind mit Ps und DtJes vergleichbar. Für Jes ist zu beachten, daß auf Protojesaja nur 3 der 20 AttS entfallen. Die relative Maßzahl würde sich für eine Berechnung auf Deutero- und Tritojesaja deutlich erhöhen.

Die folgenden Überlegungen gehen davon aus, daß ein Teil der Kontexte lexikalisch bzw. syntaktisch von der Oberfläche her signifikant ist: AttS, die an Vokativ anschließen, sind durch die Satzabgrenzung in BH^t markiert. Makarismen und Wehrufe sind durch die Lexeme *'ašrē* und *hōy* greifbar.

8.2 Vokativ

AttS, die unmittelbar an einen Vokativ anschließen, finden sich hauptsächlich in den prophetischen Büchern.

Nur Gen 32,10 und Ps 144,9-10 entstammen nicht dem Prophetenkorpus und unterscheiden sich von diesen Belegen auch durch divinen (vs. humanen Adressaten): In Gen 32,10 wird im Kontext eines Bittgebetes (32,10-13) *YHWH* angeredet[132]. Die AttS Ps 144,10a.b haben Fernstellung zum Vokativ 9aV *'ilō*hīm*, auf den unmittelbar zwei Selbstaufforderungssätze (x-PK/1s/ mit Kohortativ-Endung) folgen. Es handelt sich

[132] Es handelt sich genauer um eine doppelte Anrede: 10bV1 *'ilō*hē 'abī=[y] 'BRHM w='ilō*hē 'abī=[y] YṢḤQ* und 10bV2 *YHWH*; der AttS schließt in jedem Fall an *YHWH* an.

um einen hymnischen Kontext (*ŠīR*, D-*ZMR*).

Die Belege aus dem Prophetenkorpus stellt folgende Übersicht zusammen:

Jes 46,3	*bēt Y'QB ...*	*ŠM'*	Heilsankündigung
Jes 47,8	*'ădīnā*	*ŠM'*	Unheilsankündigung
Jes 48,1	*bēt Y'QB*	*ŠM'*	Heilsankündigung
Jer 49,4	*ha=bi[t]t ha=šōbibā*	—	Unheilsankündigung
Jer 51,25	*har[r] ha=mašḥīt*	—	Unheilsankündigung
Am 4,1	*par[r]ōt ha=BŠN*	*ŠM'*	Unheilsankündigung
Mich 3,9	*rā(')šē Y'QB ...*	*ŠM'*	Unheilsankündigung

Es erscheinen ausschließlich humane Adressaten, wobei die entsprechenden Lexeme teilweise primär auch Tiere und Unbelebtes ausdrücken, aber kontextuell metaphorisch fungieren: *par[r]ōt ha=BŠN* etwa für die Frauen der Oberschicht Samariens oder *har[r] ha=mašḥīt* für die Babylonier.

In fünf der sieben Belege geht dem Vokativ ein Imperativ-Satz mit *ŠM'* voraus. Es handelt sich um Aufmerkrufe, meist für eine folgende prophetische Unheilsankündigung[133]. Die Redeperspektive geht vom Ich des Propheten bzw. Gottes zum Du des im Vokativ angesprochenen Adressaten.

Die anschließenden AttS qualifizieren die im Aufmerkruf angesprochene Person (bzw. das angesprochene Personenkollektiv) durchgängig negativ. Im Falle nachfolgender Unheilsankündigung motivieren sie auf diese Weise das Ergehen als Strafe für begangene Schuld bzw. schuldhafte Haltung oder Einstellung. Diese Motivierung kann dabei ausgesprochen kontrastiv zur Ankündigung wirken. So steht das in Jes 47,8b-c (mit von c abhängiger Rede d-g) ausgedrückte Gefühl der Sicherheit vor Kinder-

[133] In den beiden Jer-Belegen ist der Vokativ samt den anschließenden AttS nicht mit einem Aufmerkruf verbunden und geht auch der Unheilsankündigung nicht voraus, sondern ist in diese eingebettet.

losigkeit und Witwenschaft im Gegensatz zur Ankündigung gerade dieses unheilvollen Ergehens.

Die spezifische stilistische Möglichkeit des Ausdrucksmittels AttS im Kontext der prophetischen Unheilsankündigung ist die relativ enge Bindung der in den AttS ausgedrückten Sachverhalte an den Vokativ des vorausgehenden Aufmerkrufs. Anrede im Aufmerkruf und Motivierung des angekündigten Unheils ergehen sozusagen miteinander. Würden die entsprechenden Aussagen in Form von selbständigen Hauptsätzen vorangestellt, und dann erst die Unheilsankündigung folgen, ergäbe sich diese Wirkung nicht.

Auch in den beiden Belegen aus DtJes qualifizieren die AttS negativ, ebenfalls kontrastiv zum Folgenden: In Jes 46,3 wird das Haus Jakob als vom divinen Sprecher als Last (negative Konnotation) getragen vorgestellt. Kontrastiv dazu steht die Heilszusage des divinen Sprecher-Ichs in 4d.e, Israel zu tragen und zu führen[134]. Die Heilsankündigung ergeht also auf dem Hintergrund einer tadelnden Konnotation, die deren Ungeschuldetheit klarstellt.

Ähnliches gilt für Jes 48,1 mit deutlicherer Negativwertung in 1e (... *lō(ʾ) b˙=ʾȧmi[t]t w˙=lō(ʾ) b˙=ṣȧdaqā*). Die Zuordnung der Einheit 48,1-12 zum Typ Unheilsankündigung wird aufgrund des vorherrschend negativen Tons auch in den folgenden Versen problematisch. Das Ziel der Einheit in 10-12 stellt allerdings eine klare Heilszusage dar[135].

[134] Zur Literarkritik von Jes 46,1-7 vgl. HERMISSON, (1991) 89-95. 46,3-4 ist in jedem Fall zusammengehörig, so daß o. gesagtes unabhängig von der Frage gilt, ob 1-2 und 3-4 voneinander zu scheiden sind oder nicht.

[135] Ein "Disputationswort" (vgl. WALDOW, (1953) 32-35) liegt nicht vor. Zur Kritik: HERMISSON, (1992) 211f.

8.3 Makarismus und Wehruf

'ašrē und *hōy*[136] sind in semantischer Hinsicht, in gewissem Sinn Pendants, und werden deshalb hier unter einem Kapitel abgehandelt. Sie zeigen jedoch in Bezug auf ihre Konstruktion unterschiedlichen Befund. Schon von daher legt sich nahe, daß sie auch in redetypischer Hinsicht einander nicht entsprechen[137].

'ašrē kann z.B. mit ePP konstruiert werden. Auffällig ist ferner die häufige Konstruktion *'ašrē* + NG + Relativsätze. Dabei kann die Nominalgruppe determiniert oder nicht determiniert sein. Sie kann auch ganz fehlen. Dann liegt allerdings kein Relativsatz, sondern ein Syntagmasatz vor[138].

1Kön 10,8c-d und 2Chr 9,7c-d folgen jeweils auf den Satz *w'='ašrē ʿabadē=ka 'il⊕ā*, beziehen sich also auf eine determinierte Nominalgruppe, zu der sie Kontaktstellung haben. Für Ps 128,1c, das auf 1b *'ašrē kul[l] yarē(') YHWH* folgt, ist die Frage der Determination trotz der CsV mit EN nicht so klar: *kul[l]* fungiert als Indefinitpronomen und die CsV ist nach ihrer Tiefenstruktur ein VS IV.1, wobei *YHWH* das 2. Sy realisiert. Indeterminiert ist in Ps 119,1a die AnnV *tamīmē dark*, auf die sich der AttS 1b bezieht. Von daher ergeben sich keine funktionalen Unterschiede zwischen Relativsatz und AttS im Makarismus. In diesem

136 Zur Unterscheidung von *hōy* und *'ōy* vgl. WANKE, (1966) 215-218. Im Gegensatz zur typischen Konstruktion von *hōy* mit partizipialen Fügungen folgt auf *'ōy* in 22 von 25 Fällen die Präposition *l=*, meist mit ePP. "Als Angst- und Klageruf hat es seinen Platz vorwiegend in der Klage und findet auch in abgewandelter Form im Drohwort Verwendung" (217). Die Funktion von *hōy* beschreibt WANKE, (1966) 218, als Einleitung zum prophetischen Scheltwort (33 Fälle). Nur Jes 29,1 und Zef 2,5 handle es sich um ein Drohwort. Ähnlich ZOBEL, (1977) 384f. Über den Zusammenhang von *hōy* im prophetischen Kontext und in der ursprünglichen Verwendung in der Totenklage vgl. JANZEN, (1972) 82f. Vgl. ferner den Exkurs zur Formgeschichte der *hōy*-Rufe bei WOLFF, (1969) 284-287.

137 JANZEN, (1965) 220f, weist ferner auf die unterschiedliche literarische Distribution: *hōy* fast ausschließlich in prophetischer Literatur und nie im Psalter, *'ašrē* meistens im Psalter und nur viermal in prophetischer Literatur.

138 Vgl. Ps 146,5a *'ašrē* (b) *ša='il YʿQB b=ʿizr=ō* oder Ps 137,8a *'ašrē* (b) *ša=y'šallim l-a=k 'at gmūl-i=k*. Ohne Relativpartikel z.B. Ps 65,5a *'ašrē* (b) *tibḥar*. Beispiele für indeterminierte Nominalgruppen sind *'unōš*, *'adam* und *'īš*, für determinierte *ha='īš* und *ha=gabr*. Mit diesen Lexemen ist *hōy* nie gefügt.

Zusammenhang ist besonders ein Sirachbeleg interessant: Die AttS-Reihe Sir 14,21a.23a.24a(A) hat als Bezugswort *'ùnōš*, an das sich zwei durch *w'=* verknüpfte Relativsätze anschließen. Erst darauf folgt die AttS-Reihe, die in sich durch kontextfunktional gebundene Verbalsätze strukturiert ist. Die gegenüber dem Relativsatz weniger feste Bindung wird hier besonders deutlich. Ein Austausch von *ha=* etwa durch *'ášr* wäre in Fällen wie Sir 14,21a.23a.24a(A) nicht möglich.

Bei *hōy* findet sich meist die Struktur *hōy* (+ Atk) + Ptz. Eine Ausnahme unter den Belegen mit nachfolgendem AttS ist Jes 18,1a *hōy 'arṣ ṣáláṣal kánapaym* mit folgendem Relativsatz *'ášr mi[n]=ʿibr l'= nahárē KWŠ*. Erst dann schließt der AttS Jes 18,2a an. Wie in dem o. zu *'ašrē* erwähnten Sirachbeleg zeigt sich der Relativsatz als enger gebunden. Jes 30,2a und Jer 22,14a beziehen sich auf 1. Sy in *hōy*-Sätzen, die relativ weit entfernt stehen. Jes 5,19a ist AttS zu *mō*šikē ha=ʿawō*n b'=ḥabálē ha=šaw'* in 18a. Diese komplexe Wortgruppe, die nach ihrer Tiefenstruktur ein durch C des Mittels erweiterter VS IV.1 ist, bildet zusammen mit dem folgendem elliptischen Satz 18b einen ES1, so als wäre es nicht Wortgruppe und Syntagma, sondern selbständiger Satz.

Funktion des AttS in diesen Belegen ist die weiterführende Beschreibung des Subjekts des *hōy*-Satzes, das schon an sich negativ qualifiziert sein kann: Als AttV in Jes 30,1a (*banīm sōrirīm*), als AnnV in Jer 22,13a (*bō*nā̈ bēt=ō b'=lō(') ṣadq*) und in Jes 5,18a (*mō*šikē ha=ʿawō*n b'=ḥabálē ha=šaw'*). Nach dem Ruf *hōy* + Subjekt, folgen weitere (über das im Subjekt bereits Ausgedrückte hinaus) negative Qualifizierungen, die die folgende Unheilsankündigung motivieren. Die AttS ermöglichen dabei den Bezug auch auf relativ fernliegende Nominalgruppen. Im Unterschied zu den Belegen mit Vokativ, in denen die AttS gleichfalls eine Begründung der nachfolgenden Unheilsankündigung (durch entsprechende negative Qualifizierung des Adressaten) leisteten, liegt bei den *hōy*-Kontexten andere Redeperspektive vor: Der Unheilsadressat wird nicht angeredet (Vokativ, 2. Person) sondern der Wehruf samt Unheilsankündigung ergeht über ihn (Subjekt des *hōy*-Satzes, 3. Person).

8.4 Identifizierender und klassifizierender Nominalsatz

Bei den Nominalsätzen bildet eine erste Untergruppe die Selbstvorstellungsformel: Die Struktur ist beschreibbar als sPP/1s/, das auf divinen Sprecher referiert, plus determinierte Nominalgruppe, den GN enthaltend: Lev 22,32c *'ani YHWH m'qaddiš=kim* (33a) *ha=mōṣī(') 'at=kim mi[n]='arṣ MṢR-aym* (aI) *l'=hyōt la=kim l'='ilō*hīm*[139]. In den meisten Fällen sprengt die zugesetzte partizipiale Fügung jedoch nicht den Rahmen einer AttV[140].

Für die NS, die kein sPP enthalten, ergibt sich ein relativ amorphes Bild: Als Prädikation YHWHs in lobendem Kontext könnte man den Zusammenhang des AttS Ps 147,3a mit Bezug auf 2a *bōnē(h) YRWŠLM YHWH*[141].

In negativ qualifizierendem prophetischen Kontext erscheinen Zef 2,15a-c und Ez 11,2b-3a, Bezugs-NG ist jeweils ein Personenkollektiv[142].

Die beiden Belege aus dem Jakobssegen Gen 49,17c und 21b mit Bezug auf indeterminierte Nominalgruppen, die Tiere bezeichnen, um Qualitäten der genannten Personen auszudrücken, dienen ebenfalls der Qualifizierung von Personen[143].

Zu verweisen ist hier außerdem auf Belege mit Anschluß an eine Appositionsverbindung, die tiefenstruktural einem NS I.1 entspricht. Deren

---

139 Ferner: Lev 11,45b; Jes 41,13a-13b entspricht NS IV und nicht NS I.1, in der AppV (die ja tiefenstruktural einem NS I.1 entspricht) ist sie jedoch aufgenommen; zu den "zersetzten" Selbstvorstellungsformeln bei DtJes vgl. ZIMMERLI, (1963) 30f; Jes 44,24b-28a (mit Wechsel von der ersten zur dritten Person (26a)!).

140 Z.B. Ex 6,7d *kī 'anī YHWH 'ilō*hē=kim ha=mōṣī(') 'at=kim mit=taḥt sibālōt MṢR-aym* ohne Infinitiv und deshalb in BH^t im Rahmen einer AttV gedeutet.

141 Am 5,9a.b kann nur hier hergestellt werden, wenn man von einem intakten Text ausgeht. Vermutlich gehören aber die beiden Sätze nicht ursprünglich zum Vorangehenden; vgl. CRÜSEMANN, (1969) 99f.

142 *'īr* als Ortsbezeichnung wird kontextuell zu einem Personenkollektiv.

143 Vgl. auch Hl 2,16c und 1Kön 9,23b (Näherbestimmung). Einziger Beleg mit unbelebter NG: Ps 19,11a mit Bezug auf *mišpaṭē YHWH* in 10c. NS I.2 würde auch *kull-a=m ḥalalīm* entsprechen, auf das sich Ez 32,22d und Ez 32,24c jeweils beziehen, u.z. mit Bezugswort *kull-a=m* (determiniert!).

Prädikation wird dann durch den AttS weitergeführt, vergleichbar einem Anschluß an NS I.1[144].

8.5 Imperativsatz

Die zweite Hauptgruppe definiert sich nach der Struktur: Imperativ plus obligatorisches Syntagma, wobei dieses obligatorische Syntagma Bezugs-NG für den anschließenden AttS ist: Ps 103,2a *bar[r]ịkī* (aV) *napš=ī* (a) *'at YHWH* (b) *w˙='al tiškȧḥī kul[l] g˙mūl-a(y)=w* (3a) *ha=sō*liḥ l˙=kul[l] ʿȧwō*n-i=kī* (b) *ha=rō*pē(')* ... Der Vokativ, der meist erscheint[145], ist nicht Bezugs-NG für AttS. Deshalb sind diese Fälle nicht mit den oben unter dem Stichwort Vokativ behandelten Belegen in Verbindung zu bringen.

Als Verbwurzeln treten auf *BKY*, D-*BRK*, D-*ZMR* und D-*HLL*[146]. *BKY* kontrastiert semantisch mit den übrigen und ist singulär, stimmt aber bezüglich der Konstruktion und anderer semantischer Merkmale mit ihnen überein. Kontrastierend ist das semantische Merkmal [neg. Gefühlsäußerung] vs. [pos. Gefühlsäußerung], ferner obligatorisches Syntagma [hum] vs. [div]. Auffällig ist, daß in den meisten Fällen zwischen die Bezugs-NG und den AttS weitere Elemente treten. Typisch ist also in diesen Kontexten Fernstellung. Diese ist unterschiedlich begründet:

1. Die Aufforderung zum Lob YHWHs wird im Parallelismus ausgedrückt. Der erste Stichus enthält außer dem Verbum den Vokativ und die Bezugs-NG (*'ilō*hē=nū*, *YHWH*), der zweite Stichus bringt eine weitere semantisch gleichartige oder auch thetische Variante[147].
2. Dem Imperativ-Satz folgt eine Begründung mit *kī*: Ps 147,13a und

---

[144] Dt 1,33a; Dt 8,14c-16a; Hab 1,6b.

[145] Ausnahme: Ps 147,7b-8c und Sir 50,22a-d(B).

[146] *BKY*: 2Sam 1,24a-c mit nur dreimal belegter Präposition *l˙=* zur Einleitung des 4. Sy; vgl. häufigeres *ʿal*; D-*BRK*: Ps 66,8a-9bI; Ps 103,2a-5b; Ps 104,1a-3c; Sir 50,22a-d(B); D-*ZMR*: Ps 147,7b-8c; D-*HLL*: Ps 147,12b.

[147] Gleichartig: Ps 66,8b *w˙=hašmīʿū qōl tȧhillat=ō*; thetisch: Ps 103,2b *w˙='al tiškȧḥī kul[l] g˙mūl-a(y)=w*; anders Ps 147,7a und 7b, die exakt parallel sind und in beiden Sätzen das divine Objekt explizit enthalten. Nicht im Parallelismus ist die Aufforderung zum Lob in Sir 50,22a(B) formuliert.

13b (*kī* wirkt weiter, Satzbund!). Erst hierauf folgt eine dreigliedrige AttS-Reihe.
3. Dem Imperativ-Satz folgt eine Anrede direkt an das divine Objekt, in Form von Vokativ und Sätzen in zweiter Person: Ps 104,1b-c. 2a-b sind elliptische Sätze, die das 1. Sy der beiden vorausgehenden Sätze (grammatisches Morphem /2ms/) ersparen. Eine andere Deutungsmöglichkeit könnte die Sätze als einpolige Ausrufesätze verstehen[148]. Die AttS-Reihe schließt sich an.

Die besondere Leistung des AttS zeigt sich auch in diesen hymnischen Kontexten[149] wieder in der Möglichkeit der Fernstellung. Dadurch wird eine über längere Perioden gehende Qualifizierung, Prädikation möglich. Weder die AttV noch ein Relativsatzgefüge könnten diese satzsyntaktischen Funktionen und damit diese spezifische Ausdrucksfunktion übernehmen.

---

148 Diese Alternative zwischen elliptischem zweipoligen Satz und einpoligem Ausrufesatz besteht auch bei Ps 144,2a-c. Der Beleg ist insofern interessant, weil hier mit Ausnahme von *w˙=m˙pal[lị]ṭ* Substantive vorliegen, und damit keine eventuell dem Partizip eigene dritte syntaktische Möglichkeit in Frage kommt.

149 CRÜSEMANN, (1969) 19-154, unterscheidet scharf zwischen imperativischem und partizipialem Hymnus. Als die Grundform des ersten gilt ihm das Miriamlied (S. 31-34): 1. Imperativsatz (Verb des Lobens) im Plural: Lobaufruf. 2. Verbalsatz mit *kī* + SK/3ms/ am Satzanfang (divines (nicht ausgedrücktes) Subjekt): Durchführung. Das *kī* hat dabei emphatische, nicht kausale Ausdrucksfunktion. Inhalt der Durchführung: eine "geschichtliche Heilstat Jahwes an seinem Volk" (S. 45). Die Grundform des partizipialen Hymnus findet er in den Amos-Doxologien besonders klar erhalten, insbesondere in Am 4,13 (S. 97-106). Es handelt sich um pendentische partizipiale Fügungen (im Fall von Am 4,13 ohne Artikel), die hier nicht zu behandeln sind (CRÜSEMANN gibt keine syntaktische Beschreibung und verwendet folglich auch den Terminus Pendens nicht). Ihr zugehöriger vollständiger Satz ist *YHWH ... šim=ō*. Inhalt der partizipialen Fügungen ist im Gegensatz zum imperativischen Hymnus nicht Jahwes heilsgeschichtliches Handeln, sondern sein immer gültiges, typisch göttliches Handeln und Wirken, v.a. Schöpfungsthematik (vgl. besonders S. 105; dieser Opposition bei CRÜSEMANN entspricht bei WESTERMANN, (1977) 24-26, "berichtendes Lob" vs. "beschreibendes Lob" (freilich nur hinsichtlich dieser beiden grundlegenden *Inhalts*typen). Die Tatsache, daß viele Psalmen Partizipien dieser Inhalte im Kontext mit zum Lob auffordernden Imperativen aufweisen, erklärt CRÜSEMANN als eine in nachexilischer Zeit erfolgte Eingliederung und Unterordnung des partizipialen Hymnus (vorexilisch eigenständiger Hymnentyp) in den imperativischen Hymnus. Für eine synchronisch ausgerichtete Untersuchung kann eine eingehende Diskussion der gattungsgeschichtlichen Frage unterbleiben.

Zu vergleichen sind Kohortativ-Sätze mit Verben aus der gleichen semantischen Klasse wie in den Imperativ-Belegen. Wie dort muß das Objekt Bezugs-NG für den entsprechenden AttS sein: Ps 144,9a-b haben Kohortativ von *ŠĪR* und D-*ZMR* mit 3. Sy, das jeweils pronominal den Vokativ *ʾilō*hīm* 9aV aufgreift. Dieser ist eigentlich Bezugswort für die AttS-Reihe 10a-b. Sir 44,1b(B) hat Kohortativ von D-*HLL* mit 2. Sy [hum], nicht [div]. Zwischen die Bezugs-NG und den AttS sind zwei elliptische Sätze eingeschoben, die das Prädikat aus 1b ersparen. Wieder liegt Fernstellung vor[150]. Ähnliches gilt für Belege mit Jussiv, z.B. Sir 49,13aP-b, das sich mit Ps 144,9aV-10b vergleichen läßt: Die Rolle, die dort der Vokativ spielt, nimmt hier das Pendens ein. Dieses ist Bezugswort für den AttS 13b. In 13a wird es pronominal aufgegriffen, im Subjekt des Satzes, der Passivtransformation (N-Stamm) eines VS IV.1 ist. Darin wäre *zikr=ō* Objekt[151]. Ferner Sätze des Typs *barūk*-x. x ist Subjekt des Satzes und Bezugs-NG für den anschließenden AttS. Diese Konstellation zeigt Ps 144,1b-d.

Es sei noch hingewiesen auf Kontexte mit Fragen, in denen ein Sy Bezugs-NG für einen AttS darstellt. Es handelt sich durchweg um rhetorische Fragen mit unterschiedlicher Struktur: *hă=lō(wʾ)* + sPP/s/ + Bezugs-NG zeigen Jes 51,9e.10a (der einzige Fall, in dem die Bezugs-NG eines AttS ein Pronomen ist) und Jes 57,4d mit elliptischem Satz 4e; mit Fragewort *ʾayyē(h)* in anklagendem Sinn Jer 2,6b. Als Ausdruck der Bewunderung fungieren die Fragen *mī k:=* + Bezugs-NG, Ps 113,5a, und *mah nōrā(ʾ) ʾattā* mit Vokativ *ʾLYHW* als Bezugs-NG, Sir 48,4a(B)[152].

---

150 Kohortativ findet sich noch Sir 51,8a(B): G-*ZKR* mit zweigliedrigem 2. Sy *ʾat raḥmē YYY w:=ḥăsad-a(y)=w*. Getrennnt durch einen Relativsatz, der sich wohl nur auf *ḥăsad-a(y)=w* bezieht, hat der AttS eindeutig *YYY* als Bezugs-NG. Damit ist er nicht auf das 2. Sy bezogen, sondern auf das semantisch dominierende Element derselben.

151 Hierher gehört auch Sir 48,4a-10a(B): Der Vokativ 4aV ist Bezugs-NG für die AttS-Reihe, die mit 5 beginnt. 4b ist Subjektsatz zu 4c, entsprechend einem Objekt im Aktiv. D-*PʾR* entspricht der gleichen semantischen Qualität wie die übrigen, bereits genannten Verben.

152 Vgl. auch Ij 9,4a *mī hiqšā ʾil-a(y)=w* (und subordiniert angeschlossen) (b) *wa=yišlam*. Die folgende AttS-Reihe hat zwar als Bezugs-NG *ʾil* in 2cP. Auf diese aber wird in dem ePP 4a referiert. Der Kontext ist damit durchaus vergleichbar mit Ps 113,5a.

Struktural verwandt mit dem Vokativ, der bereits als bevorzugter Anknüpfungspunkt für AttS erkannt worden ist, sind weitere sprachliche Elemente, die mit einem Kernsatz nur mehr oder weniger eng verbunden bzw. selbständig sind: Adnominale, Pendentia und einpolige Sätze. Mit der Konstellation Imp + Vok kann Jussiv + Adn verglichen werden. *hō*bire šamaym* in Jes 47,13b (Qre!) ist Adnominale zu 13b (und c)[153] und Bezugs-NG für den anschließenden AttS. Pendens ist Jer 13,10aP (weniger wahrscheinlich: einpoliger Satz), evtl. Jes 65,11P12a (weniger wahrscheinlich: NS I.2). Daß sich AttS an Pendentia anschließen, kann nicht verwundern, denn eine Wiederaufnahme des durch die AttS zu dem wiederaufnehmenden Satz in Fernstellung geratenen Elementes ist sehr plausibel[154]. Bei den hier zur Rede stehenden einpoligen Sätzen handelt es sich um Ausrufesätze. Sie setzen ein besonderes, positives oder negatives, emotionales Engagement des Sprechers voraus. Ein solcher einpoliger Satz liegt vielleicht in Jes 65,3a (wenn die partizipiale Fügung als AttS abgegrenzt wird) und in Ps 144,2c vor. An Ps 144,2c schließt sich ein durch *w·=* markierter Satz an. Darauf folgt der AttS 2e. Wieder ist Fernstellung zu beobachten.

8.6 Zum Wechsel von AttS und artikellosen partizipialen Fügungen

Anhand zweier in verschiedener Hinsicht für das gestellte Problem charakteristischer Texte wird der Wechsel zwischen AttS und artikellosen partizipialen Fügungen beobachtet. Dabei sollen die Veränderungen der

[153] Vgl. RECHENMACHER, (1994) 129 mit Anm. 371.

[154] GROSS, (1987) 192: "Jedoch ist Betonung nicht die einzige stilistische Wirkung der Pendenskonstruktion. In Prosa wird das vorangestellte Element, von dem gehandelt werden soll, durch Apposition, attributive Partizipien, 'äšr-Sätze, eingeschobene wörtliche Rede etc. oft sehr lang. Die Aufnahme, die das Vorhergehende zum Pendieren bringt, dient dann vornehmlich dazu, den syntaktischen Zusammenhang zu präzisieren oder in Erinnerung zu rufen...". Hier handelt es sich zwar nicht um Prosa, und Wiederaufnahme durch ePP erfolgt nur in Jes 65,12a. Dennoch wird man für die beiden angeführten Belege neben der Betonung auch die Überbrückung der Entfernung des vorangestellten Elements von dem aufnehmenden Satz als Funktion des Pendens annehmen dürfen.

Redeperspektive sowie stilistisch-strukturale Gesichtspunkte Berücksichtigung finden.

1. Jes 44,24a-28c

Der Abschnitt[155], vollständig zitiert unter Punkt 2, zeigt folgende Struktur:

Vorausgeht die Botenspruchformel, erweitert durch zwei asyndetisch gefügte substantivierte G-Partizipien (*G'L*, *YṢR*) mit ePP/2ms/; das zweite hat zusätzlich eine PV apponiert. Der GN der Botenspruchformel ist also Leitwort einer sehr komplexen AppV.

Auf den NS I.1 in 24b folgen drei Sätze mit G-Ptz am Anfang, jedenfalls nach dem Verständnis von BH^t. Alternativ könnte man b und c zusammen nehmen und als einen NS IV lesen, d und e wären dann elliptische Sätze des gleichen Typs[156].

c nimmt eine Sonderrolle ein, weil es bezüglich Quantität (drei Silben) und Inhalt (Schöpfung allgemein) von d und e(+f) (jeweils sieben Silben und spezielle Schöpfungsakte bei Betonung der Ausschließlichkeit) abweicht. d und e(+f) gehören auch durch den Merismus Himmel und Erde zusammen. f nimmt semantisch die der Wortgruppe *l'=badd=ī* entsprechende Stellung in d ein, auch wenn es syntaktisch ein vollkomen eigenständiger Satz ist. Bis hierher ist durch ePP/1s/ in *l'=badd=ī* und *'itt=ī* deutlich, daß *'anō*kī* als 1. Sy weiterwirkt und in den elliptischen Sätzen c-e erspart ist.

---

155 Der schwierige, vermutlich sekundäre Zusatz Jes 44,28dI-e kann für die gegebene Fragestellung außer acht gelassen werden. Zu den literarkritischen Argumenten vgl. ELLIGER, (1989) 478f, zum schwierigen Text, ebd. 455.

156 Man vergleiche etwa Jes 45,19d *'ȧnī YHWH dō*bir ṣadq* (e) *maggīd mēšarīm* oder Jes 61,8a *kī 'ȧnī YHWH 'ō*hib mišpaṭ* (b) *śō*nē(') gazil b'=ʿōlā*. Im Unterschied zu Jes 44,24 läßt sich kontextuell allerdings eher plausibel machen, daß auf der Selbstvorstellung kein Gewicht liegt. Man beachte auch die vollere Form des sPP in Jes 44,24. Als AppV (1. Sy) in einem NS IV wertet neuerdings LAATO, (1992) 177, *'anō*kī YHWH*; im Sinne von BH^t vgl. ELLIGER, (1989) 456.

Es folgen 25a-26b drei Sätze mit H-Ptz (schwache Wurzeln: *mi*-Präfix), jeweils gefolgt von einem mit *w˙=* angeknüpften Verbalsatz der Struktur *w˙=* + 2. Sy + PK(-LF), das 1. Sy ist nicht ausgedrückt. Die PK-Formen haben /3ms/ als grammatisches Morphem. *'anō*kī* kann also nicht das ersparte 1. Sy sein, das zeigt auch ePP/3ms/ in 26a[157].

Eine AttS-Reihe schließt sich an mit der Struktur Redeeinleitung (*ha= 'ō*mir l˙=* + ON/Ortssubstantiv-det/PN) plus Redeinhalt. Der erste AttS 26c wird durch 26e erweitert (ES1). Von jedem dieser AttS (auch 26e als elliptischer AttS) hängt eine Rede ab, die für das erste Glied einen Satz, für alle übrigen zwei Sätze umfaßt. Eine noch klarere dreigliedrige Struktur ergäbe sich bei Ausscheidung von 26e-f als sekundärem Zusatz. Dann würde auf jede Redeeinleitung ein Redeinhalt folgen mit genau zwei Sätzen. Ein zweisilbiges Element plus VS mit Formation *w˙=* Objekt – PK-LF. Für eine solche Ausscheidung lassen sich immerhin neben strukturalen Gründen ePP-Ungereimtheiten anführen: ePP/3fs/ in 26g würde gut an 26d anschließen, stört aber nach 26f (dort ePP/3fp/!)[158]. Zwingend sind die literarkritischen Argumente dennoch nicht. Für die hier erörterte Frage kann der primäre vs. sekundäre Charakter der beiden Sätze offen bleiben.

Die Redeperspektive der *ha='ō*mir* – Sätze kann nur die 3. Person sein, auch wenn sich kein Hinweis aus evtl. Pronomina ergibt[159]. Wenn Vulg mit "qui dico" übersetzt, darf diese völlig andersartige Struktur natürlich nicht auf den hebräischen Text übertragen werden[160].

---

[157] LAATO, (1992) 177, behauptet, *'anō*kī YHWH* sei Subjekt der Partizipien in 25-28, weswegen er übersetze: "I YHWH am the one who ...". Dieser Begründungszusammenhang erweist sich bei genauerem Zusehen als Widerspruch: Die Übersetzung macht nicht *'anō*kī YHWH* zum Subjekt der Sätze, sondern das Bezugswort, des englischen Relativsatzgefüges ("the one"). Für eine solche Lösung gibt es im Hebräischen aber keinerlei Anhalt!

[158] Vgl. ELLIGER, (1989) 454f.

[159] Das ergibt sich aus der syntaktischen Struktur des AttS: Der Artikel wirkt ja wie ein Demonstrativum. Ein Gefüge der Art: *'anō*kī YHWH ha='ō*mir l˙='bd=ī* oder *'attā YHWH ha='ō*mir l˙='bd=ka* ist also nicht nur zufällig nicht belegt, sondern struktural nicht zu erwarten!

[160] Völlig abwegig ist der Gedankengang ELLIGERs, (1989) 461f, der aus der "alten Regel der Grammatik", daß im Nominalsatz beim Prädikat die Setzung des Artikels unterbleibt,

Die Redeperspektive der Redeinhaltssätze ist demgegenüber die 1. Person. Das ergibt sich aus den Verbalmorphemen /1s/ in 26g.27c sowie aus den ePP/1s/ in 28b.c. Im Unterschied zu 27b.c (Imp und ePP/2fs/) ist dabei in den übrigen Redeinhalten keine direkte Sprecher-Hörer-Beziehung vorausgesetzt[161]. Das deutet darauf hin, daß *l'* = bei *'MR* nur in der zweiten Redeeinleitung das 3. Sy markiert, in den beiden anderen Fällen C des Bereichs[162].

Die anhand der Ausdrucksseite erkannte Struktur des Abschnitts, der in die drei Teile A (24b-24f), B (25a-26b), C (26c-28c) zu gliedern ist, korrespondiert mit einer thematisch-inhaltlichen:

A: Selbstvorstellung und Ausweis als alleiniger Schöpfer von Allem.
B: Jahwe als Urheber (Kausativ bzw. Resultativ!) für das Scheitern der heidnischen Mantiker und das Gelingen seines Dieners, seiner Boten.
C: Jahwe als der, der verheißt und erfüllt, den Wiederaufbau Jerusalems, die Zerstörung Babels, u.z. durch Kyrus[163].

Damit wird durch A vs. B und C das Thema Schöpfung und Erlösung,

folgert, daß zwar alle artikellosen Partizipien als zum Prädikat gehörig angesehen werden müssen, während die drei *ha='ō*mir* "zweifellos zum Subjekt gehören". Was heißt zum Subjekt gehören? Er meint wohl relativen Bezug, entsprechend seiner Übersetzung "Der ich sage ..." Ob aber sich ein solcher Bezug auf *'anō*kī* (Subjekt) oder *YHWH* (Prädikat) konstituiert, hat nichts mit irgendeiner "alten Regel der Grammatik" zu tun. Beide Pole sind determiniert und also diesbezüglich gleichwertig. In jedem Fall gibt es bei hebräischen AttS kein "Der ich sage ..."

161 Vgl. Verbalmorpheme: /3fs/ (26d), /3fp/ (26f – morphologisch nicht eindeutig, aber kontextuell gegenüber /2fp/ wahrscheinlicher), /3ms/ (28c); ePP: /2fs/ (26g).

162 Vgl. die Belege bei HAL, 64. Ein eigenes Problem ist 28b *rō*'=ī*, das eine Anrede zu sein scheint. Dann ergäbe sich ein Bruch mit dem Verbalmorphem /3ms/ in 28c oder man müßte 28c aus dem Redeinhalt nehmen, was wiederum der Redeperspektive der AttS zuwiderläuft (Vgl. ELLIGER, (1989) 453, der in seiner Übersetzung nur für "Mein Hirt" die Anführungsstriche setzt). Bedenkt man den Textadressaten, so ist jedoch klar, daß es nicht um eine Anrede geht (vgl. auch BH^t, die keine Vokativmarkierung setzt), sondern eine Proklamation, syntaktisch, einen einpoligen Zeigesatz.

163 Zur Deutung von 27a-c vgl. die forschungsgeschichtliche Übersicht bei ELLIGER, (1989) 473ff. Sein Urteil, daß *ṣūlā* metaphorisch für die babylonische Großmacht steht, hat gute Gründe. "Dabei mag die Wahl des Bildes durchaus durch den Umstand mitveranlaßt sein, daß die Hauptstadt am Euphrat lag und das Kernland obendrein von einer Menge von Kanälen durchzogen war.

wie es in umgekehrter Reihenfolge durch die substantivierten Partizipien der Botenspruchformel 24a anklingt, entfaltet. Dabei bilden die konkreten Verheißungen in C den Höhepunkt, hier wieder in dem dritten der drei durch *ha=ʾō*mir* eingeleiteten Reden, der Kyrus als "*rō*ʿ=ī*" benennt[164].

Die Struktur des Abschnitts läßt sich also wie folgt dreiteilig darstellen:

24b *ʾanō*kī YHWH* 24c ↓ *ʿō*śā̄ kul[l]* 24d ↓ *nō*ṭā̄ šamaym l˙=badd=ī* 24e ↓ *rō*qiʿ ha=ʾarṣ* +24f	Teil A: 1. Person
25a *mipir[r] ʾō*tōt baddīm* +25b (VS) 25c *mišīb ḥakamīm ʾaḥōr* +25c (VS) 26a *miqīm dabar ʿabd=ō* +26b (VS)	Teil B: 3. Person
26c *ha=ʾō*mir l˙=YRWŠLM* +26d (RI) 26e ↓ *w˙=l˙=ʿārē YHWDH* +26f.g (RI) 27a *ha=ʾō*mir l˙=[h]a=ṣūlā* +27b.c (RI) 28a *ha=ʾō*mir l˙=KWRŠ* +28b.c (RI)	Teil C: 3. Person (Redeinhalt: 1. Person)

Nur in Teil A wirkt das sPP/1s/. Teil B mit einer streng einheitlichen Struktur schaltet auf Redeperspektive 3. Person um. Die artikellosen partizipialen Fügungen sind zunächst als einpolige Sätze zu beschreiben. Kontextuell attribuieren sie natürlich das divine "Subjekt", das, wenn auch nicht syntaktisch, so doch kontextuell, präsent ist. Teil C eine Reihe von 4 Redeeinleitungen (26e ist elliptisch), jeweils von dem entsprechendem Redeinhalt gefolgt, führt die Redeperspektive der 3. Person weiter. Das demonstrativ-relative Element *ha=* der AttS stellt den Bezug zum

[164] Vgl. ELLIGER, (1989) 473: "Folgerichtig kommt die nächste Zeile (...) der Strophe auf den siegreich vorwärtsdrängenden Perserkönig und erhält dadurch die ganze Rede ihren krönenden Abschluß, daß Kyros in Jahwes Munde als 'Mein König' erscheint ...".

GN in V. 24 wieder her, also in extremer Fernstellung. Damit nimmt es natürlich auch eine bedeutsame stilistisch-strukturale Funktion wahr. Die Inhalte der Sätze in Teil A vs. Teil B und C sowie von Teil B vs. Teil C entsprechen ihrer formalen Differenz.

2. Ps 104

Eine besonders auffällige Eigenart von Ps 104 ist der willkürlich anmutende Wechsel der Redeperspektive. YHWH wird besprochen und angesprochen in scheinbar beliebigem Wechsel[165]. Bei der Analyse ist zu bedenken, was bereits o. zu Jes 44,24-28 zur Redeperspektive bei AttS angemerkt wurde: Die Unmöglichkeit, innerhalb des AttS eine Redeperspektive 1. oder 2. Person (morphematisch) aufrechtzuerhalten, es muß auf die dritte umgeschaltet werden. Dabei ergibt sich interessanterweise, daß auch die den AttS kontextfunktional zugeordneten Verbalsätze stets 3. Person weiterführen[166]. Das ist bei der Argumentation mit Personenwechsel für Struktur (oder gar Literarkritk!) des Psalms zu beachten.

Strukturbedeutsam ist sicher der Imperativ 1a mit Objekt *ʾat YHWH* und Vok *napš=ī*. Er inkludiert mit identischem 35c den ganzen Psalm[167] und ist deshalb vom Korpus selbst abzuheben. Bedeutsam ist ferner

[165] Vgl. den Hinweis SPIECKERMANNs, (1986) 26 Anm. 17, auf entsprechende Belege in den Psalmen: 2. Person und 3. Person (nicht nur 3. Person des "Partizipialstils"). Es handelt sich bei diesen Belegen durchweg um Kontexte, in denen Jahwe in der 2. Person angesprochen bzw. in der 3. Person prädiziert wird. SPIECKERMANN weist ferner auf das entsprechende Phänomen in der akkadischen und ägyptischen Gebetsliteratur hin.

[166] Jes 48,1b-e ist zweigliedrige AttS-Reihe, wobei jedes Glied kontextfunktional mit einem Verbalsatz gefügt ist mit PK/3mp/. Die Reihe folgt auf Imp/mp/ + Vokativ. Der AttS Jer 49,4c nach Vokativ (Redeperspektive 2. Person) hat ePP/3fs/. Mich 3,9b folgt auf Imp/mp/ + Vokativ und ist kontextfunktional mit einem Verbalsatz mit PK/3mp/ gefügt. Ps 144,10b, zweites Glied einer zweigliedrigen AttS-Reihe, hat ePP/3ms/ und steht eindeutig in einem Kontext der Anrede. Eine hebräische Handschrift, eine syrische Version (secundum polyglottam Londinensem) und Vetus Latina haben die scheinbare Unstimmigkeit ausgeglichen.

[167] Es folgt lediglich noch die Formel *hal[li]lū YH* in 35d.

das Pendens 6aP, dem ein semantisch "abschließendes" *ʿōlam wa=ʿad* vorausgeht[168].

1bV-5b zeigt eine in sich stimmige symmetrische Struktur.

1bV	Vok		*YHWH ʾilō*h-ay=[y]*
1b	SK/2ms/+x	SR	Hoheit allgemein
1c	x+SK/2ms/		
2a	Ptz+x	SR	Dienstbarmachung einzelner Naturelemente
2b	Ptz+x		
3a	Atk+Ptz+x	SR	
3b	Atk+Ptz+x		
3c	Atk+Ptz+x		
4a	Ptz+x	ES1	
4b	[Ptz+]x		
5a	SK/3ms/+x	SG	beständige Gründung der Erde
5b	Neg+PK+x		

Der Abschnitt beginnt mit einer AppV, die Vokativ ist. Das zweite Glied mit ePP/1s/ stellt die Verbindung zwischen Sprecher und Angesprochenem her. Die beiden folgenden Sätze 1b und 1c enthalten allgemein rühmende Aussagen über den Angesprochenen in der zweiten Person.

2a.b sind partizipiale Fügungen ohne Artikel, deren syntaktische Deutung nicht festgelegt ist: Weitergeltung des morphematisch ausgedrückten

[168] Anders KRAUS, (1989) 879: "Eine Analyse des Aufbaus nach Form und Inhalt ergibt folgendes Bild: 1-4 Lobpreis des überweltlichen Gottes, 5-9 Überwindung der Urflut und Gründung der Erde ..." Formaler Gesichtspunkt für die Teilstrukturgrenze nach 4 dürfte für ihn das Ende der Partizipien gewesen sein. Das Struktursignal 6aP (in Verbindung mit *ʿōlam wa=ʿad*) wird nicht beachtet, ebensowenig wie die strukturale Korrespondenz zwischen 1b.c und 5a.b entsprechend der Strukturübersicht u. (KRAUS, (1989) 879, ändert die SK in ein Partizip). Dabei erweist sich auch inhaltlich 1-5 als sinnvoller Abschnitt, der die Hoheit des Schöpfers (1b.c) anhand der Dienstbarmachung einzelner Naturelemente entfaltet (2a-4b) und resümierend in der beständigen Gründung der Erde für alle Zeit (5a-b) festhält. Der mit V.6 beginnende Abschnitt, der durchgehend die 2. Person zeigt und bis einschließlich V. 9 ist vom im Pendens angegebenen Thema *tihōm* bestimmt.

Subjekts aus 1b.c oder einpolige Ausrufesätze (Bewunderungsausrufe). Gegen die erstere Deutung spricht die Tatsache, daß die Möglichkeit einer solchen Weitergeltung des nur morphematisch ausgedrückten Subjekts aus einem VS nicht sicher nachweisbar ist. Die Sätze selbst enthalten keinen pronominalen Hinweis auf 2. Person. Einpoligkeit kann jedenfalls aus der engagierten Sprechhaltung, die der Text voraussetzt, gut begründet werden. Die parallele Struktur der beiden Fügungen 2a und 2b verbietet, mikrostruktural zwischen den Sätzen eine Grenze anzunehmen. Leitender Gedanke ist dabei die inhaltliche Parallelität zwischen 1c und 2a einerseits sowie 2b und 3a andererseits[169]. Nimmt man die Strukturmerkmale der Ausdrucksseite ernst, so kann auch ein semantischer Zusammenhang zwischen 2a und 2b nicht übersehen werden[170].

In 3a-c folgt eine Dreierreihe von partizipialen Fügungen mit Artikel. Als Bezugswort des Artikels ist wohl der fernliegende Vokativ anzugeben. Mit den AttS muß nun auf 3. Person umgeschaltet werden: ePP/3ms/ in 3a und 3b. Der ES1 4a-b[171] kann als AttS gedeutet werden, mit Ersparung des Artikels aus 3a-c. Struktural wird der Wechsel zur artikellosen Fügung deutlich: Syntaktisch liegen jetzt andere Satzbaupläne vor (VS V mit affiziertem und effiziertem Objekt, wobei das erstere gleichartig als Sub/cmp/ + ePP/3ms/, das zweitere ungleichartig gebaut

---

169 KRAUS, (1989) 879, ändert das Ptz in 2a zu PK (und ergänzt in 2b einen Artikel), weil kein Zweifel daran bestünde, daß 2a und der vorhergehende Satz als "sinngemäßer Parallelismus zusammengehören." Auch SPIECKERMANN, (1986) 21, der sich zwar gegen die Konjektur in 2a (Ptz zu PK) wendet, reißt zwischen 2a und 2b durch folgende mir völlig unverständliche Behauptung einen Graben auf: "Der Personenwechsel von der 2.ps.m.sg. zur 3.ps.m.sg. erfolgt erst im Übergang von V. 2a zu V. 2b." Auch KRÜGER, (1993) 52, läßt in seiner Übersetzung erkennen, daß er 2a zum Vorhergehenden zieht, und 2b als Parallele zu 3a.

170 Folgende Andeutungen mögen hier genügen: Mantel und Zeltdach als "Textilien" zum Schutz des Menschen vor Kälte etc., *'ṬY* und *NṬY* als entsprechende Gebrauchsverben. Auch stehen Wasser, Wolken und Wind in V. 3 in einem Zusammenhang vs. Licht und Himmel in V. 2.

171 Das Partizip wirkt weiter, d.h. Tilgung eines Satzhauptgliedes liegt vor.

ist, nämlich als Balastvariante: AttV vs. Sub). Auf der Inhaltsseite entspricht diesem syntaktischen Novum der neue Gedanke der Boten und Diener Jahwes.

5a-b führt die Perspektive der 3. Person der AttS weiter. Dieses Phänomen entspricht der oben dargestellten Beobachtung, daß kontextfunktional an AttS gebundene Verbalsätze 3. Person zeigen, auch in einem Kontext der Anrede (2. Person). Die Bindung an das Vorausgehende ist hier überdies durch eine Ersparungskonstruktion gegeben: das 1. Sy wird nicht lexematisch ausgedrückt. Die beiden Sätze kontrastieren formal und inhaltlich mit dem Vorausgehenden. Gegenüber den generellen, zeitlos gültigen Sachverhalten der Dienstbarmachung bestimmter einzelner Elemente der Natur in 2a-4b, drückt 5a-b einen individuellen, vergangenen Sachverhalt aus, die Gründung der Erde, mit einem generellen Folgesachverhalt, der ewigen Beständigkeit der Erde. Damit ist es Verbindungsglied zum folgenden Abschnitt, nicht aber zu diesem gehörig. Die Thematik von 6aP-9cI ist durch das markierende Pendens klar angegeben.

6aP-9cI ist geprägt durch /2ms/ und individuelle Sachverhalte der Vergangenheit. SK ist bestimmend (6a und 9a als struktural entscheidende Sätze)[172]. Schlüssellexem, das den Abschnitt inkludierend zusammenhält, ist D-*KSY*.

Der Artikel des folgenden AttS 10a hat wieder gliedernde Wirkung, insofern er auf fernliegendes YHWH verweist, bzw. die AttS-Reihe 3a-c wiederaufnimmt. Inhaltlich ist der neue Strukturabschnitt durch generelle Sachverhalte gekennzeichnet (Versorgung von Tier und Mensch durch

---

[172] Eine Konjektur, die in 6a SK/2ms/ + ePP/3ms/ in SK/3fs/ + ePP/3fs/ verbessert, ist grammatisch nicht notwendig. *tihōm* wird zwar an sich feminin konstruiert, erscheint aber an mehreren Stellen (wohl als Synonym zu *yam[m]* empfunden) mit maskuliner Rektion. Vgl. dazu KÖ III, §249i, mit sämtlichen Belegen. Trotzdem spicht vieles für diese Konjektur: 9cI zeigt D-*KSY* mit ausgedrücktem 2. Sy *ha=ʾarṣ*.

Wasser/Vegetation). Er endet mit 18b. Die SK/3ms/ als Ausdruck eines individuellen Sachverhalts in der Vergangenheit (19b) zeigt Neueinsatz[173]. Der Abschnitt 10a-18b läßt sich in zwei Teile untergliedern:

1. 10a-12b. Durch Ersparungskonstruktion ist 10b (mit typischer Endstellung der PK) sowie 11a-b, die als PK-x-Formationen unmittelbar anschließen, mit dem AttS 10a verknüpft. Erspart ist in 10b-11b das 1. Sy: *ma'yanīm* in 10a. Dort fungiert es als 2. Sy. 12a-b sind lockerer, aber durch ePP/3mp/ unverkennbar, mit dem vorausgehenden verbunden (ePP/3ms/ hat gleichfalls Bezug auf *ma'yanīm* in 10a). Die Sprechrichtung ist für diesen Abschnitt nicht aus der Morphologie zu erheben. Weder ePP noch grammatische Morpheme referieren auf YHWH. Wegen des AttS ist Redeperspektive in 3. Person anzunehmen. Die inhaltliche Geschlossenheit dieses Teilabschnittes läßt sich durch das auch syntaktisch bestimmende Lexem *ma'yanīm* markieren.

2. 13a-18b. Für die beiden Sätze 13a und 14a mit Partizip am Satzanfang kann wohl wegen der beträchtlichen Fernstellung keine Tilgung des Artikels aus 10a angenommen werden. Es handelt sich vielmehr um einpolige Sätze, vergleichbar mit 2a.b. Die artikellosen partizipialen Fügungen wirken wieder gliedernd. Sie markieren inhaltlich den Themenwechsel zur Nahrung (14-15), die Jahwe aus der feuchten Erde (13) sprossen läßt[174]. Der Komplex 14a-15a wird syntaktisch klar als zusammengehörig ausgewiesen (14a bildet mit dem elliptischen Satz 14b, von dem 14bI-15vI2 als Infinitive abhängen, einen ES1; 15b ist syndetisch angeschlossen), auch semantisch machen die Lexeme *ḥaṣīr/bahimā* (14a) vs. *laḥm/'ĕnōš* (15a) den engen Zusammenhang klar. Dagegen läßt 13a-13b sowohl syntaktisch wie semantisch viele Fragen offen. Unabängig von

---

[173] Die weitere Struktur des Psalms braucht hier nicht mehr bedacht zu werden. Der AttS 32a schließt unmittelbar an das Bezugswort *YHWH* in 31a-b an, wobei 31a deutlich den Neubeginn eines Abschnittes markiert.

[174] Den Zusammenhang von *ṢMḤ* mit 'arṣ (und verwandten Lexemen zeigt ein Blick in die Konkordanz des Verbs!).

den Fragen der Textkritik[175] erstaunt der Wechsel von ePP/3ms/ auf ePP/2ms/ in 13a-b, denn beide Sätze bilden offensichtlich eine kontextfunktionale Fügung. Die übrigen Belege, in denen artikellose partizipiale Fügungen bzw. AttS mit VS solcherart verknüpft sind, zeigen auch für die Verbalsätze 3. Person, selbst wenn der Text insgesamt in einer Anrede-Perspektive gehalten ist[176]. Der beobachtete Perspektivenwechsel bleibt singulär[177]. 16a-18b hat durch *ŚBʿ* relativ engen Anschluß an das Vorausgehende (vgl. *ŚBʿ* in 13b), auch die Verbformation PK(-LF)-x deutet auf eine enge Verbindung hin. Insgesamt ist der Absatz aber thematisch nuanciert: Das zeigen deutlich die Schlüsselwörter D-*QNN*, *bēt* und *maḥsā̄*. Der Abschnitt weist keine partizipialen Fügungen auf. Die Sprechrichtung ist 3. Person, vgl. *YHWH* in 16a sowie SK/3ms/ in 16aR.

3. Ertrag

Jes 44,24-28 und Ps 104 zeigten deutlich die Strukturbedeutsamkeit und die Unbeliebigkeit des Wechsels zwischen partizipialen Fügungen mit und ohne Artikel. Bei den letzteren muß jeweils unterschieden werden, woraus die Artikellosigkeit resultiert: Handelt es sich um Einpoligkeit, oder liegt eine Ersparungskonstruktion vor. Im letzten Fall kann der Artikel aus einem vorausgehenden AttS weiterwirken, so daß die artikellose Fügung mit Recht als AttS beschrieben werden kann, oder es ist das 1.

175 Auch die diversen Konjekturen enthalten /2ms/; vgl. BHS und KRAUS, (1989) 879.

176 Vgl. zu den AttS die Beispiele o. S. 97 Anm. 166; was die artikellosen partizipialen Fügungen betrifft, so gilt das gesagte nicht für Belege mit ganz normalen elliptischen Sätzen, denen ein zugehöriger vollständiger Satz vorausgeht, dazu vgl. die o. S. 62 behandelten Stellen Ez 16,45 vs. Joel 4,17.

177 Der Wechsel von 19a auf 20a ist damit nicht zu vergleichen. 19a und 20a bilden keinen satzsyntaktisch oder kontextfunktional vergleichbaren Zusammenhang und sind auch nach ihrer Sachverhaltsart verschieden: individueller Sachverhalt der Vergangenheit vs. genereller Sachverhalt der Gegenwart.

Sy aus einem Lexem des Vorsatzes erpart, so daß ein gewöhnlicher NS IV vorliegt.

Die AttS leisten durch das demonstrative Element des *ha=* eine Bezugnahme auf ein entfernt stehendes Lexem, eine Ausdrucksfunktion, die artikellose Fügungen nicht in gleicher Weise leisten können.

9 Zusammenfassung

1. Fügungen des Typs Artikel plus Partizip plus Syntagmen können nicht nur Teil einer AttV (Ebene der Wortgruppe), sondern auch AttS (Ebene des Satzes) sein. Das beweisen die zahlreichen Belege mit Fernstellung und Determinationsdisgruenz, die im Rahmen einer AttV nicht erklärt werden können, sowie das syntaktische Eigengewicht dieser Fügungen. Dieses zeigt sich v.a. in der Satzsyntax: AttS gehen zusammen mit Verbalsätzen verschiedene Formen von Satzverbindungen ein.

2. Die Funktion des Artikels in diesen Fügungen ist zu vergleichen mit der Funktion des Artikels in Relativsätzen des Typs Artikel plus verbum finitum plus Syntagmen. Wie dort nimmt *ha* als Demonstrativum verweisende Funktion dar und stellt eine Verbindung zu einer Bezugs-NG her. Gegenüber den eigentichen Relativsätzen, v.a. mit *'ăšr*, ist die Bindung weniger eng, das zeigt die Möglichkeit und Häufigkeit von entfernterem Anschluß, der bei Relativsätzen in diesem Maß nicht beobachtet werden kann.

3. Die Abgrenzung zur AttV ergibt sich v.a. aus den genannten Kriterien der Stellung, Determination und Satzsyntax. Auch redetypische Gesichtspunkte können eine Rolle spielen.

4. Fügungen ohne Artikel sind nur AttS, wenn aus einem nahestehenden AttS der Artikel erspart ist. Ansonsten handelt es sich um gewöhnliche NS IV mit Ersparung des 1. Sy, Relativsätze (selten) oder einpolige Sätze.

5. Typisch für die Kontexte des AttS ist gehobenes emotionales Engagement des Sprechers: Makarismus und Wehruf, Vokativ im prophetischen Aufmerkruf oder in der Unheilsankündigung, ferner im hymnischen Kontext. Entsprechend signifikant ist die Semantik der Bezugs-NG: [div] und [hum]. Nur metaphorisch finden sich Lexeme anderer semantischer

Klassen. Die literarische Distribution der AttS zeigt fast alle Belege in poetischen Texten, zumindest in besprechendem Kontext.

6. Die Ausdrucksfunktion des AttS ist die Attribuierung einer Nominalgruppe im Sinne einer Zuweisung nicht nur von Qualitäten und Dimensionen, sondern auch von Sachverhalten, deren Subjekt diese Nominalgruppe ist. Eingeschränkt wird die Ausdrucksfunktionsweite durch das Fehlen einer Negationsmöglichkeit des ausgedrückten Sachverhalts[178] sowie die Festlegung der Subjektrolle im AttS auf das Bezugswort. Durch den AttS ist eine Attribuierung auch über längere Perioden hinweg möglich. Das demonstrative *ha=* vermag Fernliegendes wiederaufzunehmen. AttS können in Reihe stehen, wobei jedes Glied der Reihe einen abhängigen, unvollständigen oder kontextfunktional verknüpften vollständigen Satz (v.a. Verbalsatz *w'=*-x-PK(-LF)) bei sich haben kann. Relativsätze finden sich in diesen für den AttS typischen Kontexten nicht[179].

---

[178] Vgl. etwa die RS in Dt 10,17a: Dt 10,17a *hū(') 'ilō*hē ha='ilō*hīm w='ădō*nē ha='ădō*nīm ha='il ha=gadul ha=gibbō*r w'=ha=nōrā(')* (aR1) *'ăšr lō(') yiśśā(') panīm* (aR2) *w'=lō(') yiqqaḥ šuḥd*. Eine Ersetzung der beiden RS durch AttS ist wegen der Satznegation *lō(')* ausgeschlossen.

[179] HARDMEIER/TALSTRA, (1989) 415, kommen im Rahmen ihrer Darstellung des Konkordanzprogramms "Compucord" nur scheinbar zu einem anderen Ergebnis: Als Beispiel für die Funktionsweise des Programms führen sie den Suchprozeß am Muster Atk + Ptz + ePP vor. Der Suchbereich ist auf das Buch Deuteronomium eingeschränkt. Es ergeben sich die Belege Dt 8,14.15.16; Dt 13,6.11; Dt 20,1. Die Bezugs-NG ist in diesen Fällen divin. Deshalb wird ein spezifisch hymnischer Partizipialstil vermutet. Ein zweiter Suchlauf will herausfinden, ob solche "hymnischen Attributivsätze" zu *YHWH 'ilō*hīm* nicht genauso mit den Relativsatzpartikeln *'ăšr* oder *ša=* gebildet werden können. Das Suchmuster ist *YHWH 'ilō*hīm* + *'ăšr*. Relevant unter den Ergebnisbelegen ist Dt 5,6a *'anō*kī YHWH 'ilō*hē=ka* (6aR) *'ăšr hōṣē(')tī=ka mi[n]='arṣ MṢR-aym mib=bēt 'ăbadīm*. Ps 81,11a *'anō*kī YHWH 'ilō*hē=ka ha=ma'l=ka mi[n]='arṣ MṢR-aym* zeige, daß "die unterschiedliche Attributivsatzbildung" nicht am Personenunterschied hänge. "Das heißt die beiden Formen der Attributivsatzbildung sind — grammatisch betrachtet — gegeneinander austauschbar." Das gilt in diesen von HARDMEIER/TALSTRA angeführten Belegen in einem gewissen Sinn, nämlich wenn man von dem nicht identischen Bindungsgrad der Relativsätze vs. AttS absieht. Die zitierten Partizipial-Belege zeigen Entsprechung mit Relativsätzen nur deshalb, weil es keine "typischen" Belege sind: Es liegt keine Fernstellung vor, und kein Wechsel mit Verbalsätzen. Außerdem lassen HARDMEIER/TALSTRA den Kontext außer Acht. Betrachtet man z.B. den ganzen Abschnitt Dt 8,14b-16aI3, so wird man kaum mehr eine vergleichbare Periode mit Relativsätzen beibringen können.

Verzeichnisse

Siglen für Zeitschriften und Reihen nach S. SCHWERTNER, Internationales Abkürzungsverzeichnis für Theologie und Grenzgebiete, 2., überarbeitete und erweiterte Auflage (IATG^2), Berlin New York 1992.

1 Abkürzungen und Siglen für Texte, Grammatiken und Lexika

BHS	Biblia Hebraica Stuttgartensia, ed. K. ELLIGER et W. RUDOLPH, Stuttgart 1967/77.
BH^t/R1	RICHTER, W., Biblia Hebraica *transcripta*, Release 1: BH^t – *Software*, München 1991.
BH^t/R2	RICHTER, W., Biblia Hebraica *transcripta*, Release 2: BH^t – *Software*, München 1994.
B-L	BAUER, H., – LEANDER, P., Historische Grammatik der hebräischen Sprache des Alten Testaments I, Halle 1922, Nachdruck: Hildesheim 1965.
BUSSM	BUSSMANN, H., Lexikon der Sprachwissenschaft, zweite, völlig neu bearbeitete Auflage, Stuttgart 1990.
G-B	W. GESENIUS' hebräisches und aramäisches Handwörterbuch über das Alte Testament, in Verbindung mit H. ZIMMERN, W.M. MÜLLER, O. WEBER, bearbeitet von F. BUHL. Unveränderter Nachdruck der 1915 erschienenen 17. Aufl., Berlin Göttingen Heidelberg 1962.
G-K	GESENIUS, W., – KAUTZSCH, E., Hebräische Grammatik, Leipzig ^{27}1909 (Reprint Hildesheim 1962).
HAL	Hebräisches und Aramäisches Lexikon zum Alten Testament von L. KOEHLER und W. BAUMGARTNER unter Mitarbeit von B. HARTMANN und E.Y. KUTSCHER, Leiden 1967ff.
JO	JOÜON, P., Grammaire de l'Hébreu biblique, edition photomécanique corrigée, Rom 1965.
KÖ I-III	KÖNIG, F.E., Historisch-Kritisches Lehrgebäude der hebr. Sprache, I: Lehre von der Schrift, der Aussprache, dem Pronomen und dem Verbum, Leipzig 1882. II,1: Abschluß der speziellen Formenlehre und generelle Formenlehre, Leipzig 1895. II,2: Historisch-Komparative Syntax der hebräischen Sprache, Leipzig 1897.
LIS	LISOWSKY, G., Konkordanz zum Hebräischen Alten Testament. Unter verantwortlicher Mitwirkung von L. ROST, Stuttgart ^{2}1958.

LXX	Septuaginta. Id est Vetus Testamentum graece iuxta LXX interpretes, edidit A. Rahlfs, Vol. I + II, Stuttgart [8]1965.
MEYER	MEYER, R., Hebräische Grammatik (SG), Bd. I: Einleitung, Schrift- und Lautlehre, Berlin [3]1966, Bd. II: Formenlehre. Flexionstabellen, ebd. [3]1969, Bd. III: Satzlehre, ebd. [3]1972.
MT	Masoretischer Text
Peš	Peschitta: Vetus Testamentum Syriace iuxta simplicem syrorum versionem, Pars III, fasc. 1: Liber Isaiae, prepared by S.P. BROCK, Leiden 1987.
THAT	Theologisches Handwörterbuch zum Alten Testament, hrsg. v. E. JENNI unter Mitarbeit von C. WESTERMANN, Bd. I 1971, Bd. II 1976, München.
ThWAT	Theologisches Wörterbuch zum Alten Testament, hrsg. v. G.J. BOTTERWECK und H. RINGGREN, Bd. I 1973, Bd. II 1977, Bd. III 1982, Bd. IV 1984, Bd. V 1986, Bd. VI 1989, Stuttgart u.a.
Vulg	Biblia Sacra iuxta Vulgatam Versionem recensuit et ... instruxit R. Weber OSB, Tomus I + II, Stuttgart 1969.

2 Allgemeine Literatur

BARR, J., "Determination" and the Definite Article in Biblical Hebrew: JSS 34 (1989) 307-333.

CRÜSEMANN, F., Studien zur Formgeschichte von Hymnus und Danklied in Israel: WMANT 32 (1969).

ELLIGER, K. Deuterojesaja. 1. Teilband: Jesaja 40,1-45,7, BK XI/1 ([2]1989).

GROSS, W. Die Pendenskonstruktion im Biblischen Hebräisch: ATSAT 27 (1987).

HARDMEIER, C. - TALSTRA, E., Sprachgestalt und Sinngehalt. Wege zu neuen Instrumenten der computergestützten Textwahrnehmung: ZAW 101 (1989) 408-428.

HERMISSON, H-J., Deuterojesaja. 8. Teilband: Jesaja 45,18-47,15, BK XI/8 (1991).

— Deuterojesaja. 9. Teilband: Jesaja 47,1-48,11, BK XI/9 (1992).

IRSIGLER, H., Gottesgericht und Jahwetag. Die Komposition Zef 1,1–2,3, untersucht auf der Grundlage der Literarkritik des Zefanjabuches: ATSAT 3 (1977).

— Unveröffentlichtes Arbeitspapier: "Syntax und Sprechaktanalyse poetischer Texte", Bamberg 1992, S. 9: Syntaktische Kontextfunktionen.

— Großsatzformen im Althebräischen und die syntaktische Struktur der Inschrift des Königs Mescha von Moab, in: Syntax und Text, Beiträge zur 22. Internationalen Ökumenischen Hebräisch-Dozenten-Konferenz 1993 in Bamberg: ATSAT 40 (1993) 81-121.

JANZEN, W., 'Ašrê' in the OT: HThR 58 (1965) 215-226.

KRAUS, H.J., Psalmen. 2. Teilband: Psalmen 60-150, BK XV/2 ([2]1989).

KRÜGER, T., "Kosmo-theologie" zwischen Mythus und Erfahrung. Ps 104 im Horizont altorientalischer und alttestamentlicher "Schöpfungs"-Konzepte: BN 86 (1993) 49-74.

LAATO, A., The Servant of YHWH and Cyrus. A Reinterpretation of the Exilic Messianic Programme in Isaiah 40-55: Coniectanea Biblica OT Series 35 (1992).

LAMBERT, M., L'article dans la poësie hébraique: REJ 37 (1898) 203-209.

MACDONALD, D.B., The Massoretic Use of the Article as a Relative: AJSL 13 (1896-97) 213f.

RECHENMACHER, H. Jungfrau, Tochter Babel. Eine Studie zur sprachwissenschaftlichen Beschreibung althebräischer Texte am Beispiel von Jes 47: ATSAT 44 (1994).

RICHTER, W., Grundlagen einer althebräischen Grammatik. A. Grundfragen einer sprachwissenschaftlichen Grammatik. B. Die Beschreibungsebenen: I. Das Wort (Morphologie): ATSAT 8 (1978).

— II. Die Wortfügung (Morphosyntax): ATSAT 10 (1979).

— III. Der Satz (Satztheorie): ATSAT 13 (1980).

— Biblia Hebraica transcripta – BH^t: ATSAT 33.1-16 (1991ff).

— Unveröffentlichtes Arbeitspapier: "Satzbaupläne", München 1993.

RIDZEWSKI, B., Neuhebräische Grammatik auf Grund der ältesten Handschriften und Inschriften: Heidelberger Orientalistische Studien 21, Frankfurt am Main 1990.

RIEPL, Chr., Sind David und Saul berechenbar? Von der sprachlichen Analyse zur literarischen Struktur von 1 Sam 21 und 22: ATSAT 39 (1993).

SEGAL, N., A Grammar of Mishnaic Hebrew, Oxford 1927.

SEIDL, Th. *ʾášr* als Konjunktion. Überblick und Versuch einer Klassifikation der Belege in Gen – 2 Kön: Festschrift für W. RICHTER, St. Ottilien 1992, S. 445-469.

SPECHT, G., Wissensbasierte Analyse althebräischer Morphosyntax. Das Expertensystem AMOS: ATSAT 35 (1990).

SPIECKERMANN, H., Heilsgegenwart. Eine Theologie der Psalmen: FRLANT 148 (1986).

WALDOW, E. von, Anlaß und Hintergrund der Verkündigung des Deuterojesaja, Bonn 1953.

WANKE, E. E., אוי und הוי: ZAW 78 (1966) 215-218.

WESTERMANN, C., Das Loben Gottes in den Psalmen. Lob und Klage in den Psalmen, Göttingen 1983.

WOLFF, H.W., Dodekapropheton. 2. Teilband: Joel und Amos, BK XIV/2 (1969).

ZIMMERLI, W. Ich bin Jahwe, in: ders., Gottes Offenbarung. Gesammelte Aufsätze zum Alten Testament: ThB 19 (1963) 11-40; zuerst in: Gechichte und Altes Testament (Festschrift für A. ALT): Beiträge zur historischen Theologie 16 (1953) 179-209).

ZOBEL, H.J., *hôj*: ThWAT II (1977) 382-388.

3 Abkürzungen

1	1. Person (gM)
2	2. Person (gM)
3	3. Person (gM)
7.Sy	Inf als Objekt
a	absolutus (gM)
abh	abhängig
Adj	Adjektiv
Adn	Adnominale
Adr	Adressat
Adv	Adverb
aff	affiziert
AnnV	Annexionsverbindung
AppV	Appositionsverbindung
Atk	Artikel
AtkV	Artikelverbindung
AttS	Attributsatz
AttV	Attributsverbindung
AV	Aktionsverb
C	Circumstantial
c	constructus (gM)
CP	Constructio Pendens
CsV	Constructusverbindung
D-	D-Stamm
Dp-	D-Passiv-Stamm
det	determiniert
DetV	Determinationsverbindung
DPron	Demonstrativpronomen
EN	Eigenname
ePP	enklitisches
ES	Erweiterter Satz
ExPtk	Existenzpartikel
G-	G-Stamm
gM	grammatisches Morphem
GN	Gottesname
H-	H-Stamm
Hp-	H-passiv-Stamm
idet	indeterminiert
Imp	Imperativ
Inf	Infinitiv
IPron	Indefinitpronomen
KF	Kurzform
KN	Kollektivname
Konj	Konjunktion
LF	Langform
m	maskulin (gM)
N-	N-Stamm
NegExPtk	Nichtexistenzpartikel
NG	Nominalgruppe
NS	Nominalsatz
O	Objekt
ON	Ortsname
P	P-Sy, Prädikat
p	plural (gM)
PK	Präfixkonjugation
pl	plural
PN	Personenname
Präp	Präposition
PronV	Pronominalverbindung
Ptz	Partizip
PV	Präpositionsverbindung
RE	Redeeinleitung
RI	Redeinhalt
RPron	Relativpronomen
RS	Relativsatz
RSG	Relativsatzgefüge
S	Satz, Subjekt
s	singular (gM)
SB	Satzbund
SE	Satzerläuterung
SG	Satzgefüge
sg	singular
SK	Suffixkonjugation
SPar	Satzparallele
sPP	selbständiges Personalpronomen
SR	Satzreihe
Sub	Substantiv
Sy	Syntagma
SZO	Satzzuordnung
V.	Vers
VAdj	Verbaladjektiv
Vok	Vokativ
VS	Verbalsatz
ZV	Zustandsverb

Register

1 Autoren

B-L 47, 51
Barr 29
BUSSM 1
Crüsemann 57, 66, 88, 90
Elliger 93-96
G-B 52
G-K 24, 26, 29, 32, 47, 50, 71
Gross 92
HAL 47, 52
Hardmeier/Talstra 105
Hermisson 85
Irsigler 3, 41
Janzen 86
JO 47, 50
Kraus 98, 99, 102
Krüger 99
KÖ III 1, 24, 26, 28, 29, 32, 33, 35, 47, 76, 100
Laato 93f
Lambert 23
MacDonald 50
MEYER I 47
MEYER III 1, 55
Rechenmacher 1, 22, 51, 61, 65, 92
Richter 1, 2, 22, 32, 82
Ridzewski 26
Riepl 73
Segal 26, 51
Seidl 35
Specht 22
Spieckermann 97, 99
Waldow 85
Wanke 86
Westermann 90
Wolff 39, 41, 86
Zimmerli 60, 63, 88
Zobel 86

2 Sachen

Adnominal 25, 26, 30, 36, 40, 57, 60, 74, 80, 92
Annexionsverbindung 22, 30, 50, 60, 65, 69, 73, 80, 86f
Appositionsverbindung 1, 32, 42, 80, 88, 93
Attributsverbindung 1, 22, 26, 30, 33, 34, 60, 79, 80, 90, 104
Botenspruchformel 65-67, 93, 96
Demonstrativpronomen/ demonstrative Funktion 47, 52, 55, 94, 96, 103-105
Einpoligkeit 39, 41, 43, 56, 61, 68, 69, 70, 73, 74, 90, 92, 95, 96, 99, 101f, 104
Kontaktstellung beim RS 35
NS I.1 61, 63, 66, 81, 88, 89, 93
NS I.2 26, 59, 61, 69, 88, 92
NS II 59, 61
NS III 56, 58f
NS IV 37, 56, 58, 59, 66, 88, 93, 103f
Pendens 30, 36, 38, 56, 90, 91f, 98, 100
Relativpronomen 1, 29, 32, 52
Relativsatz 1, 32-35, 40, 42, 46f, 49, 51f, 55f, 62f, 65, 75, 80, 86f, 90, 104f
Restriktionsaussage 63
Satzform 3, 41, 43, 45, 46, 65
Selbstvorstellungsformel 60, 63, 88
Syntagmasatz 3f, 40, 43, 45f, 51, 56, 86
Verbalsatz 67, 73
Verbvalenz 1, 22f, 29f, 46, 65, 76, 78
Verbaladjektiv 22, 75

3 Stellen

Gen

1,21	24
1,28	24, 27
1,31	24
2,3	24
3,6	32
4,14	52
7,8-9	53
7,21	27
9,6	57
9,10.12	24
9,18	76
18,11	58f
18,21	47
19,34	52
21,3	47
21,29	25
23,9	32
23,17	32
24,7	32
30,2	34
32,10	5, 43, 83
33,9	35
35,3	3,5
37,25	58f
39,20.22	53
40,5	32, 53
41,26	25f
41,50	34
43,12	76
43,19	75
44,17	75
46,20	35
46,26	50, 76
46,27	47, 50
48,15-16	30
49,10-12	67
49,14	60
49,17	5, 32, 43, 88
49,21	5, 28, 52
49,30	32

Ex

1,8	34
4,13	35
4,17	34
5,16	55, 71
6,7	78, 88
9,27	52
11,6	33, 35
12,15.18	24
15,11	59
18,10	32
20,5	51.60
20,10	24
25,20	59
26,12	27
29,42	35
32,16	61
34,6-7	67f
37,9	59

Lev

3,4	32
3,10.15	32
4,9.18	32
7,4	32
7,36	35
11,10	24
11,34	32
11,45	3, 5, 42, 88
11,46	77
14,32	35
17,8	32
19,6	24
20,10.25	32
21,10	22
22,27	24
22,32	5, 88
22,33	5, 42
24,10	25
25,25	22

25,28 30
25,42 34
25,45 32
27,23 29

Num

9,13 75
11,25 25
14,18 58f, 61
15,14 35
16,7 75
17,20 75
18,13 32
19,2 32
21,34 53
24,4 72
28,6 27
34,13 32
35,19 57
35,34 32

Dt

1,4 53
1,32 5
1,33 5, 42, 89
1,36 57
2,23 25f, 77
3,2 53
4,3 75
4,46 32, 53
5,6 105
5,9 61
5,14 24
7,9-10 61
8,14 5, 29, 32, 46, 83, 89, 105
8,15 5f, 29, 43
10,17 61, 105
10,18 61f
11,2 32
11,10 32, 34
13,6 29, 105
13,11 29
14,22 30
17,12 75
18,19 75
20,1 3, 6, 29, 36, 105
20,5-7 75
20,11 77
21,3 23, 32
21,20 59
22,25.29 75
22,9 30
24,11 75
27,15 75
28,54 23, 75
32,34 59
32,46 32
32,49 32
33,8 6
33,9 6, 37, 43
33,12 70

Jos

7,21 29
8,6 71
8,33 29
10,24 47
14,15 23
16,1 64

Ri

1,13 23
4,22 75
6,25 25
10,18 75
13,8 77
13,10-11 75
16,27 3, 6, 42
18,7 72
19,17.22.26 75
21,19 27

1Sam

2,6-8 59
6,18 25
9,17 75
9,24 47
12,23 25
14,24.28 75
14,29 24
15,15 34
16,23 26
17,17 25
17,25 75
19,22 24
25,10 3, 6, 28
30,14 35

2Sam

1,24 6, 29, 36, 45, 89
3,8 34
6,1 24
12,4 25
12,5 30, 75
13,16 22
15,2 75
17,3 75
17,14 33
21,5 75
22,3 56
22,34 57
23,3 57

1Kön

1,9 26
2,22 22
4,20 59
5,1 71
5,7 81
5,13 53
5,21 34
6,12 34
7,8 24
7,12 24
7,24 61
7,25 70
8,23 73
8,51 34
9,23 6, 36, 82, 88
10,8 6, 30, 44f, 86
10,9 34
11,9 47f
13,26 34
15,13 35
21,8 77

2Kön

1,7 75
4,32 59
6,19 75
7,17 53
9,36 34
10,24 75
14,13 25
15,5 59
15,16 29
17,7 77
20,13 25
25,18 26

Jes

5,8 41
5,11 41, 72f
5,18-19 6, 36
5,18 6, 36, 41, 87
5,20 41, 73
5,23 73
9,1 57, 77
9,12 29
10,1 41
11,10 53
13,5 71
14,6 70
14,16-17 75f
14,26 77

18,1-2 6f
18,2 7, 38, 44, 87
21,11 71
22,16 64
23,8 53
24,2 29
29,1 86
29,15 41
30,1-2 7, 38, 42, 87
30,10 35
30,24 34, 53, 71
31,1 41
31,4 35
32,20 72, 74
33,1 41
33,4 71
33,15 57
39,2 25
40,21-23 40
40,28 60
41,4 72
41,7 67
41,13 7, 43, 88
42,17 39f
42,5 64
43,15 63
43,16-17 7, 44, 46, 65f
44,24-28 7f, 37, 43, 46, 63, 66, 88, 93ff
45,6-7 63
45,10 41
45,18 63f
45,19 59, 93
46,3 8, 23, 45, 84f
46,5-6 8, 39, 45
46,9-10 60, 66
47,4 57
47,8 8, 43, 84
47,13 8, 44, 57, 92
48,1 8, 46, 84f, 97
49,7 53
48,17 62
50,10 59
51,9 8f, 44, 57, 72, 91
51,10 9, 42, 45, 48
51,13 70
51,15 63
51,20 9, 23, 37
52,7 72
53,3 70
53,5 59
54,16 72
56,2 73
56,3 48
56,8 73
57,4 9, 91
57,5 9, 23, 44, 57
57,19 67
61,8 59, 61, 93
63,11 29
63,12 73
64,6 73
65,11-12 3, 9, 23, 45, 92
65,2-5 9, 43, 46, 70, 92

Jer

2,6 9, 45, 91
5,1 73
5,13 48
5,22 35
6,20 25
9,11 75
10,8 57
10,12 70
11,3 75
11,20 59
13,10 9f, 42, 46, 92
17,2 26
17,10 59
17,11 57
19,13 77
20,12 59
20,15 75
21,13 10, 36, 43
22,13-14 10, 37, 41, 43, 87
22,25 35
23,1 41
23,16 34

23,17	59
23,26-27	10, 36, 42
23,31	10, 36, 45
25,38	27
27,2-3	3, 10, 28
28,16	52
31,10	57
31,30	30
31,35	67
32,14	25
32,17-18	64, 66
33,5	70
33,11	71
38,14	24f
38,16	53
38,23	72
41,2	35
42,9	65
46,5	59
46,16	27
49,4	10, 46, 84, 97
49,15	74
49,16	68
50,16	27
50,42	59
51,7	61
51,15	70
51,25	11, 36, 84
52,24	26

Ez

2,3	27
5,16	34
9,2	24, 53
9,11	75
10,2	75
11,2	3, 11, 43, 88
13,3	54
13,6	40
14,22	27
16,45	34, 62
16,59	35
17,16	30, 35
21,19	25
21,20	70
21,33	59
22,28	67
23,15	70
23,28	35
26,17	48
27,22	57
28,14	27
28,16	27
30,11	61
32,22-24	11, 43, 59, 88
34,2	41
36,13	72
37,11	72
39,14	70
40,28	24
40,31	24
41,19	70
43,1	54
43,16	61
43,19	77
47,16	24
48,19	30

Hos

5,11	59
6,4	75
13,3	75

Joel

4,17	62

Am

2,6-7	11, 33, 36, 45, 52
2,9	34
4,1	11, 36, 43, 45, 84
4,13	57, 66, 90
5,6-9	11f, 36, 41, 43, 45, 57, 88
5,12	68
5,18	41

6,1-6 12, 37, 44, 46, 73
6,12-13 12, 23, 39, 43, 45
8,13-14 12, 36, 43

Ob

1,3 70

Mich

2,1 41
2,12 29
3,2 70
3,9 12, 45, 84, 97
3,10 57
4,11 12f, 43
7,10 13, 37, 43
7,11 26
7,14 70

Nah

1,4 70
1,11 56
3,4 13, 44
3,17 13, 28

Hab

1,6 13, 42, 89
2,6 41
2,9 41
2,12 41
2,15 41, 73
2,19 41

Zef

2,15 13, 41, 43, 86
3,1 59

Sach

1,10 75
4,7 25
4,10 64
11,2 27
11,5 53
11,17 41, 73
12,1 70
14,10 24

Mal

1,7 67
2,15 74
3,3 67
3,19 59

Ps

1,1 75
7,3 67
7,11 70
12,7 61
15,2 74
18,32-35 13
18,33 3, 13, 31
18,34 57
18,35 13
18,49 57
18,51 70
19,8-9 59
19,10 13, 59
19,11 13, 23, 37, 44, 52, 88
22,10.15 59
24,4 74
25,12 75
31,19 14, 28
33,13-15 14
33,15 37, 45, 52
33,4-7 68
34,13 75
34,21 64
45,15 59
46,9-10 67
49,6-7 14
49,7 36, 45

62,4	27
63,2	34
65,3	70
65,5	86
65,6-8	68
66,7	57
66,8	14, 89
66,9	14, 37, 46
68,7	59
69,4	70
71,19	35
77,15	64
81,11	29, 105
86,2	14, 36
91,1	57
94,10	14, 38, 57, 70
97,7	14, 28
99,1	64f
101,5-6	57
103,2-5	14f
103,2	89
103,3	37
103,4	29
103,6	74
104	97ff
104,1-5	15
104,1	89, 90
104,2	67
104,3	45
104,4	57
104,10	15, 43
104,13	70
104,18	25
104,32	15, 36, 43
105,20	73
106,3	73
106,21	70
107,10	57
107,23	57
107,40	70
111,2	59
111,8	61
112,7	59
113,5-6	15, 42, 91
113,7	57
113,9	57
114,8	15, 30, 44, 54
119,1	15, 28. 86
119,89	59
121,2	70
128,1	16, 81, 86
132,2	35
133,2-3	54
135,1-2	54
135,18	54
136,10	66
137,7	16, 36, 43
137,8	86
139,20	35
140,5	34
144,1-2	16
144,1	44, 91
144,2	37, 90, 92
144,9-10	16
144,9	83, 91
144,10	16, 37, 45, 97
146,5-7	16, 68
146,5	68, 86
146,6	37, 44, 68
146,7	57
147,2-3	16
147,2	66
147,3	16, 37, 44, 88
147,4	57
147,6	59
147,7-8	16f
147,7	89
147,8	36, 45
147,9	57
147,12-16	17
147,12	89
147,13	89
147,14	37, 46
147,17	57
147,19	57

Ij

2,11	48
3,8	17, 23, 42
3,13-15	17
3,14	45
3,20-22	17
3,21	42f, 46
3,22	23
5,8-10	17
5,10	37, 44
5,12	57
6,15-16	17
6,16	36, 46
8,14	35
9,2-10	18
9,4	91
9,5	37, 43, 46
9,6	43
9,7	43
9,8-10	44, 57
12,4	57
12,10	35
12,17	70
14,20	67
20,18	67
22,15-17	18
22,15	34
22,17	38, 43
25,2	70
26,7	70
30,1-4	18
30,3	38, 46
30,4	44
40,15	39
40,19	29
41,18	57
41,25	18, 33, 39

Spr

2,11-14	18f
2,13	42, 45
2,14	19, 23, 42
2,17	38, 45
6,13	61
6,32	57
7,8	70
7,22	70
8,30	61
9,15	19, 28
11,26	57
11,28	57
13,3	57
13,7	73
15,3	59
17,13	57
17,15	57
17,18	59
17,21	57
18,13	57
20,20	57
20,27	61
21,12	59
21,13	57
22,11	57
23,24	57
24,8	57
24,12	57
24,24	57
26,18	3, 19, 28
26,27	57
27,14	57
28,9-10	57
28,24	57
28,26	57
29,12	57
29,21	57
30,15	34
30,18	34

Rut

1,22	48
2,6	34, 48
2,19	75
4,1	34
4,3	48

4,11	77

Hl

1,14	35
2,8-9	58f
2,15	75
2,16	19, 37, 88
4,4	59
5,10	59

Koh

1,6	59
4,1	54
8,14	54
9,12	54
10,5	54
10,8-9	57

Klgl

1,11	59

Est

1,13	81
1,14	19, 64, 81f
6,9	75
8,8	54
10,3	59

Dan

8,1	48
9,4	70
9,8	35
9,11	55
9,21	59, 75
9,26	49
11,6	29

Esr

2,1	79
2,59	80
8,1	80
8,25	49
10,9	24
10,14	49
10,17	49

Neh

1,5	70
5,13	75
7,6-7	77f
7,61	80
9,35	26

1Chr

11,10	3, 19, 37, 42
12,2	64
15,25	78
23,24	64
26,28	49
27,1	78
29,8	49f
29,17	49

2Chr

4,3	61
4,4	70
9,7	19, 44, 86
1,4	49
10,8	78
19,11	26
22,9	34
23,20	24
24,11	26
25,23	25
26,20	26
26,21	59
29,8	50

29,36	49
36,13	50

Sir

14,20-24	19f
14,21	38, 42, 46, 87
30,10	35
36,31	20, 28, 38, 43
44,1	91
44,3	20, 38, 44f
47,18	20, 81
48,4-10	20
48,4	91
48,5	37, 44, 46
48,6	20, 44
48,10	42
49,12	20, 28
49,13	21, 36f, 38, 46, 91
50,22	21, 42, 46, 89
50,4	21, 37, 44
51,8	21, 37, 46, 91